RUHE ZUZHI KAIHAO
YUANMAN DE BANHUI

如何组织开好圆满的班会

本书编写组◎编

学生干部作为学生基层组织各种活动和工作的组织者和领导者，必须具有较高的政治觉悟和思想品质。以身立教，为人楷模，把学生紧紧地吸引和团结在自己的周围，同时明确自己所肩负的重托，严于律己、以身作则，这一点是开展工作的前提。

世界图书出版公司
广州·北京·上海·西安

图书在版编目（CIP）数据

如何组织开好圆满的班会 /《如何组织开好圆满的班会》编写组编 . —广州：广东世界图书出版公司，2010. 4 （2024.2 重印）

ISBN 978 - 7 - 5100 - 2224 - 1

Ⅰ. ①如… Ⅱ. ①如… Ⅲ. ①班会 - 组织管理学 - 中小学 Ⅳ. ①G635. 5

中国版本图书馆 CIP 数据核字（2010）第 070705 号

书　　名	如何组织开好圆满的班会 RUHE ZUZHI KAIHAO YUANMAN DE BANHUI
编　　者	《如何组织开好圆满的班会》编写组
责任编辑	韩海霞
装帧设计	三棵树设计工作组
出版发行	世界图书出版有限公司　世界图书出版广东有限公司
地　　址	广州市海珠区新港西路大江冲 25 号
邮　　编	510300
电　　话	020-84452179
网　　址	http://www.gdst.com.cn
邮　　箱	wpc_gdst@163.com
经　　销	新华书店
印　　刷	唐山富达印务有限公司
开　　本	787mm×1092mm　1/16
印　　张	10
字　　数	120 千字
版　　次	2010 年 4 月第 1 版　2024 年 2 月第 12 次印刷
国际书号	ISBN　978-7-5100-2224-1
定　　价	48.00 元

前言

班会，在学生学习生活中是十分重要的一项内容。开班会可以加强同学之间的了解，增强集体荣誉感，加深学生与老师、家长（有的班会也可请家长参加）之间的沟通，解决学习生活中的困惑，提高学习的动力和热情，激发学生学科学、爱科学的兴趣，引导学生在活动中动手动脑，培养创造意识，提高学生分析问题的能力……总之，一堂别开生面、内容丰富的班会，能让学生在快乐中获得良好的教益，真正是寓教于乐。

我们作为新世纪的中小学生，随着多媒体走进教室，班会的形式再也不局限于说说讲讲问问答答那么简单，可以是别具一格，形式多样的。在班会中，可以插入歌唱、讲故事、演小品、说相声、看影视片断、做游戏等结合班会主题的表演节目。这些节目的加入，会使班会变得生动有趣、丰富多彩；让同学们既受到美的熏陶，又获得德的教育。

正是由于认识到班会的重要性，而有关班会的书籍又特别稀少，所以我们特别组织编写了这本《如何组织开好圆满的班会》，目的是为学生、老师在组织、召开班会时提供参考与借鉴，切实帮助师生们开好一个圆满的班会。

本书开始的部分，是介绍班会的一些基本知识，让读者对班会的一些特点有所了解。然后从爱国教育、国防知识、敬爱师长、爱的奉献等大的选题方面进行概括，每个选题都列举了“相关班会示例”及若干“讨论话题”

供参考选用；同时，为了师生们引用资料的方便，我们收集了一些资料，有的是杰出人物事例，有的是名人名言，有的是影视书籍推荐，有的是知识问答。本书最后一部分，我们列举了许多具体的专题班会，这些班会的内容和过程，大多介绍得比较详尽，从中你可以感受到班会的气氛，有的甚至还能给人身临其境的感觉，也为中小学师生们召开班会提供了形象生动的参照。

由于编者的识见和水平有限，一些更有创意的班会可能被忽视了，所辑录的有关班会的内容，也会存在不妥甚至错误之处，敬请广大师生朋友们批评指正。

目录

班会的基本知识

爱国教育篇

国防知识篇

敬爱师长篇

爱的奉献篇

卫生保健篇

心理健康篇

自我防护篇

行为准则篇

环保意识篇

艺术修养篇

热爱科学篇

手脑并用篇

各类班会详细方案

班会的基本知识

班会的主题和目的

要想开好一个圆满的班会，班会的主题选择十分关键。班会的主题就是班会需解决的中心问题。班会主题的确定，既要依据学校的中心工作，又要服从于班级的共同努力目标，避免主题的随意性和盲目性。也就是说，班会的设计和活动过程，必须根据实际情况有目的、有意识、有范围、有层次地构思，使其有一定的计划性和针对性。

学校的每个年级在每一个学期都应该有一个大的主题，并围绕这个主题精心设计一系列活动。以初中生为例：初一突出“做一个合格中学生”，侧重开展“学习规范，遵守规范”活动和社会公德教育；初二突出“迈进青春第一步”，侧重开展生理和心理健康及素质教育，培养学生的吃苦精神和竞争意识；初三突出“做合格的初中毕业生”，侧重开展振兴中华、立志成才教育，使他们成为“有理想、有道德、有文化、有纪律”的跨世纪的一代新人。为了适应新时期学生的特点，应采用他们乐于接受和易于表现的形式来表现主题，寓思想教育于活动之中，以达到教育目的。

班会的内容和形式

对学生进行思想素质教育

中学生的思想、心理有着明显的时代特征。为了适应新时期中学生的特点，应引导他们谈理想、谈志向，以文明礼貌教育为突破口，抓好爱国主义教育、集体主义教育、公民教育和心理素质教育。爱国主义是一面旗帜，是各族人民共同的精神支柱，所以，弘扬爱国主义精神，就成为学校德育工作的主旋律，也是中学德育的基本任务和重要内容。鉴于这一点，可利用班会，开展“读爱国书，唱爱国歌”活动，举办关于雷锋精神的对话，关于英雄人物、先进人物事迹的演讲等，并及时表彰身边的好人好事，不断激发同学们的自强进取精神。

对学生进行学习方法指导

素质教育要求面向每个学生，学生学习成绩的提高和能力的培养，离不开好的学习方法。而学习方法和思维方法的掌握，除了靠学生自己的摸索和实践外，也离不开教师的指导和同学的帮助。鉴于这一点，我们可以利用班会有计划有步骤地安排学习方法专题讲座或咨询，召开学习经验交流会，让各科课代表或成绩优秀的学生介绍自己的学习方法。久而久之，大部分学生会悟出道理，总结出适合自己的学习方法，全体学生的学习成绩一定会大幅度提高。

对后进生进行的转化教育

学习上的后进生和违纪生是影响教学成绩的重要因素，也是提高教学质量的关键所在。“要想转化，先要感化”，我们可以召开“讲清一个道理，纠正一个缺点，教育一批学生”这样的报告会，或者召开后进生的转化经验交流会。在班会上可用一批名人成才的事例鼓励后进生。这样一来，会使得这些学生对自己充满信心，收敛任性的毛病。良好习惯的培养和不良习惯的矫正都不是一朝一夕的事情，但是我们相信：爱心是教育的基础，信心是教育的动力，耐心是成功的保证。

定期总结班务工作

我们还可以利用班会，认真总结上周工作，安排本周工作。先小组座谈小结，然后值周干部宣布上周班务日志，公布素质教育量化考核分值，肯定成绩，指出问题，以促进学生优良思想品质的形成，以推动班级工作顺利开展，进而形成良好的班风和学风。

至于开班会的形式可以不拘一格，如：演讲式、座谈式、辩论式等。各班级应该根据自己的实际情况，根据班会的主题，选择恰当的班会形式。可以由班主任开，学生干部开，必要时家长与师生同开；可针对一件事情开、针对一位同学开；也可针对一种观点开、针对一种社会现象开；可用一种形式，也可多种形式结合，以达到最佳效果。

班会的一般程序

素质教育是以人的全面发展为出发点，以提高全民素质为目标的教育，它注重培养和提高学生的文化科学劳动技能和身体心理素质，注重培养和提高学生政治思想和道德素质。素质教育是充分尊重学生的“主人翁”地位，增强学生的自主性，调动学生的积极性，培养学生的创造性，最大限度地发挥学生的主体作用的教育。针对新形势下素质教育对学校德育工作的新要求，中学生的班会不再是单纯的道德理论课，而应该是以德育为主线的素质教育课。因此，中学生主题班会的形式和程序应当摒弃传统的单一说教模式和固定化的程序，以丰富多彩的内容和灵活多变的形式吸引学生。

按照召开班会的不同形式来分，可以分为表演类、演讲类、竞赛类、讨论类等形式，每类班会的程序通常如下：

讨论类

1. 开场白；2. 引入主题（可以是看录像、表演剧、小品、相声等）；3. 通过学生自编自演的节目来层层深入地挖掘主题；4. 小结同学的发言，得出探讨的结果；5. 班主任总结；6. 结束。

演讲类

1. 开场白；2. 宣读演讲学生名单（也可由学生自己介绍）；3. 正式演讲；4. 同学评议；5. 宣布评议结果；6. 老师总结；7. 结束。

表演类

1. 开场白；2. 文艺活动（配乐诗朗诵、歌曲、器乐、舞蹈、小品表演剧、相声、快板等）；3. 老师总结；4. 结束。

竞赛类

1. 开场白；2. 宣布竞赛的规则和积分的方式；3. 把同学分成几个小组；4. 正式进行比赛；5. 核对各组的成绩，宣布比赛结果；6. 班主任总结；7. 结束。

爱国教育篇

开班会的意义

爱国主义是千百年来固定下来的对自己祖国的一种最深厚的感情，也是我们先人在华夏这块土地上不断开创人类史上光辉夺目的一幕“马拉松”长跑的不竭动力。爱国主义是青少年成长的人格基石。中华民族历来有着爱国主义的优良传统。从儒家提倡“天下为公”起，爱国主义代代相传，司马迁“常思奋不顾身，而殉国家之急”，范仲淹“先天下之忧而忧，后天下之乐而乐”，左宗棠“身无半亩，心忧天下”，林则徐“苟利国家生死以，岂因祸福避趋之”，鲁迅“寄意寒星荃不察，我以我血荐轩辕”，爱国主义的养料滋养了一代又一代的中国人。爱国主义是我们的精神支柱。邓小平曾深情地说：“我是中国人民的儿子，我深情地爱着我的祖国和人民。”综观古今中外，举凡成大事业的伟人，莫不以爱国主义为精神动力。他们面对艰难险阻，无怨无悔地拼搏，甚至牺牲生命，为的就是祖国的发展与富强。

弘扬爱国主义传统，就是要学习和热爱祖国的传统文化，热爱祖国的山川草木，学习祖国的英雄人物，珍惜祖国的荣誉和尊严，自觉为祖国的强大而奋斗。只有这样，才能顽强地对待挫折，才能在外来文化的影响下不忘本。这样培养出来的人，才能有厚实茁壮的精神之根，真正担当起建设祖国的重任。

相关班会示例

示例1　我应该为祖国做什么

一、班会目的

学习先烈爱国主义故事，激发爱国主义热忱。

二、班会准备

1. 采用自荐与推荐的方式确定两名主持人。

2. 主持人设计活动过程及活动串词。

3. 将全班分为几个活动小组，以小组为单位参加活动。

4. 通过多种途径编选爱国故事，并由小组推荐一位同学讲解。

5. 以小组为单位编选爱国名言或自创爱国宣言。

三、班会过程

1. 同唱国歌，营造活动氛围。

2. 由小组选派代表为同学讲一个爱国故事。（声情并茂，感染爱国激情）

3. 小组讨论“我应该为祖国做什么？”并推荐发言人。（与英雄人物比较，寻找自己与英雄人物的差距，对爱国的内涵应有新的理解）

4. 国旗下的宣言：由小组选派代表宣读爱国宣言。（激情昂扬，激发爱国热忱，并付诸实际行动）

5. 同唱国歌，结束活动。

示例2　我爱祖国

1. 辅导员发言，揭示主题

问大家一个简单的问题：你们知道我们是哪国人吗？知道我们国家的全称是什么吗？我们生在中国，长在中国，我们经常说要爱自己的祖国，那么我们该怎样爱自己的祖国呢？

这就是这次班会的主题，下面请主持人上场主持。

2. 主持人开场白

主持人男：各位老师。

主持人女：各位同学。

合：大家好！

男：我们热爱自己的祖国，就要了解自己的祖国，我们先来说说自己对祖国的了解吧。

（学生谈论略）

男：大家说了很多，但是不是很全面，课下我搜集了一些关于我国的情况，我们来共同了解一下！请大家注意记住当中出现的那些数字。

女：中华人民共和国在中国共产党的领导下成立于1949年10月1日，由56个民族组成，各个民族团结和睦，为建设我们共同的家园而努力奋斗。中国幅员辽阔，陆地面积约960万平方千米，仅次于俄罗斯和加拿大，是世界上第三大国。在建国以后我国的经济发展迅速，特别是改革开放以来更是飞速发展，人民的生活水平得到了很大的改善，国家的各项实力得到了加强。

男：有一首歌曲在中华大地上广为流传，因为它充分地表达了人民对祖国的赞美，它就是《歌唱祖国》，下面就让我们全体起立，用高亢的歌声来唱出我们作为一个中国人的骄傲吧！

女：《歌唱祖国》，预备，唱……

3. 了解国家的象征

男：爱国，就要了解祖国，那么，大家知道我们国家的象征是什么吗？

国家的象征：国旗、国歌、国徽。

男：谁说说自己对国家象征的了解？

学生讨论。

女：今天我特别向大家介绍一下国旗的象征意义：中华人民共和国国旗是五星红旗。旗面红色，似红霞满天；红色表达庄严热烈，象征革命；红色表达希望、活跃、喜悦之感。五颗黄色五角星居旗的左上方，显示光明；黄色还表达中国人是黄种人的特征。五星中，中间的一星较大，代表中国共产党；围绕于大星之右的四星较小，并各有一个尖角正对大星的中心点，这四星代表中华人民共和国成立时中国人民所包括的四个阶级：工人阶级、农民阶级、城市小资产阶级、民族资产阶级。五颗五角星的相互关系象征中国共产党领导下的人民大团结。

4. 乐器演奏

男：我班有一位同学他主动要求表演一个节目，他说："我在学习乐器黑管，虽然我的水平太低太低，但是我要把我学到的第一首曲子献给大家，他就是《中华人民共和国国歌》"，让我们欢迎这位同学。

5. 诗朗诵《春望》

女：在我国古代有一位爱国诗人，他就是诗圣杜甫。在一个万物复苏，鸟语花香的季节里，他却对着被战火摧残的家园吟诵出了那首催人泪下满含辛酸的千古绝唱。请听诗朗诵《春望》。

6. 汇报发言

女：下面就课前布置的爱国话题进行汇报发言。

以小组为单位发言。

7. 辅导员总结

大家的讨论很热烈，说明都认真地思考了。大家有远大的理想，我很高兴，但是我更高兴的是大家能够从实际出发，认识到踏踏实实地做好现在的每件事就是最实际的爱国表现。

8. 宣誓

辅导员：最后，请举起右手和我一起宣誓：

我是中国人，我爱自己的祖国，我愿意从爱家、爱校做起，爱家爱校就从现在做起：关爱家人，关爱师长，关爱同学，好好学习，好好锻炼，好好工作，好好成长。

9. 结束语

男：现在我们不能保卫祖国，就让我们从建设校园，爱护那一草一木做起；女：现在我们不能建设祖国，就让我们从努力学习，快学知识，快学本领做起。

男：现在我不能为祖国创造价值，就让我从珍惜每一滴水、每一粒粮食做起。

女：现在我还不能为国争光，就让我们从讲文明、讲道德，从一个高素质的人做起。

合：我们的班会到此结束，谢谢大家。

讨论话题参考

1. 请给我一个不愤怒的理由。(可就当前国际上有关辱华的言论以及行为等进行讨论)

2. 国与国之间，什么排在第一位？(可就历史事件探讨国家相处的原则)

3. ××事件之我见。(还可针对其他生活中不时发生的崇洋辱国事件发表自己的看法)

4. 中国人，你站直了吗？(可就古今之卖国求荣、委曲求全的卖国贼的卑劣行径与矢志不渝、维护祖国尊严的爱国志士的英雄业绩加以比较，发表看法)

5. 历史不容忘却。(可就此主题加以辩论)

6. 什么叫民族精神？(可列举古今维护民族尊严的故事对民族精神的内涵加以阐释)

7. 你认为谁是中华民族爱国精神的象征？（可列举爱国英雄、伟人，说明理由)

历代爱国楷模

伟大的爱国主义诗人屈原

屈原（约前340～约前278)，战国时代的楚国人，政治上主张任用贤能，联齐抗秦，颇受楚怀王的信任，委以三闾大夫要职，但后来楚怀王偏听亲秦派的挑拨离间，屈原受到谗言中伤，招致冷落。到荒淫昏庸的楚襄王时，更把他放逐于汉北，过着长期流浪的生活。但他并不因此而放弃政治主张和伟大理想。写出了著名长诗《离骚》等艺术价值很高、影响很大的不朽作品。当秦兵攻破楚都消息传出后，他大失所望，悲愤投入汨罗江，以身殉国。这天正是五月初五，被后人定为端午节，以划龙舟、祭粽子、挂香草等形式纪念屈原。

心怀天下的杜甫

杜甫（712～770)，字子美，唐

朝诗人。诗中常自称少陵野老。祖籍襄阳（今属湖北），自其曾祖时迁居巩县（今属河南）。杜甫自幼好学，知识渊博，颇有政治抱负。其诗大胆揭露当时社会黑暗和矛盾，对统治者的罪恶进行了比较深刻的批判，对穷苦人民寄以深切同情。善于选择具有普遍意义的社会题材，反映出当时政治的腐败，在一定程度上表达了人民的愿望。许多优秀作品，展示出唐代由开元、天宝盛世转向分裂衰微的历史过程，故被称为“诗史”。在艺术上，善于运用各种诗歌形式，风格多样，而以沉郁为主；语言精练，具有高度的表达能力。继承和发展《诗经》以来的优良文学传统，成为我国古代诗歌的现实主义高峰，起着继往开来的重要作用。《兵车行》《自京赴奉先县咏怀五百字》《春望》《北征》《三吏》《三别》《茅屋为秋风所破歌》《秋兴》等诗，皆为人传诵。在《茅屋为秋风所破歌》中，穷困潦倒的诗人表达了他心怀天下苍生的悲悯情怀：安得广厦千万间，大庇天下寒士俱欢颜。风雨不动安如山。鸣呼！何时眼前突兀见此屋。吾庐独破受冻死亦足！

忧国忧民的范仲淹

范仲淹（989—1052），字希文，祖籍陕西彬州（今陕西省咸阳市彬县），生于苏州吴县（今江苏省苏州市）。他是北宋著名政治家，曾向仁宗赵祯上条陈十事，要求改革当时弊政。他又是一个著名的文学家，其《岳阳楼记》的名句“先天下之忧而忧，后天下之乐而乐”为后世所传诵。他的词，有的写边塞生活，有的写羁旅情怀，或苍凉悲壮，或缠绵深婉，对后来的苏轼、王安石有一定的影响。

民族英雄郑成功

郑成功（1624—1662），是我国明末清初著名的民族英雄，福建南安县石井村人。一生抗清驱荷，以赶走荷兰殖民主义者、收复祖国领土台湾的业绩载入史册，海峡两岸均立像树碑纪念。

“开辟荆榛逐荷夷，十年始克复先基；田横尚有三千客，茹苦间关不忍离”。1662年率部打败侵占台湾38年之久的荷兰殖民主义者，收复了我国神圣领土，写下这首《复台》诗。诗作高度概括了收回台湾的艰难历程，无限深情地抒发了自己与将士们同甘共苦、生死相依的血肉深情。

近代中国第一位民族英雄林则徐

北京天安门广场矗立着巍峨、庄严的人民英雄纪念碑，碑座上铭刻有十幅浮雕，记录着近百年来中国人民革命斗争的英雄事迹，第一幅就是虎门销烟的动人场面。提起烧鸦片，人们很自然就会联想到鸦片战争，怀念起著名的民族英雄林则徐。

林则徐，字元抚，又字少穆、石麟，清乾隆五十年（1785）出生于福建侯官（今福州市）一个较贫寒的家庭。他博览诸子百家，注意“经世致用”，对历史上一些英雄人物，如岳飞、文天祥、于谦、郑成功等，十分敬仰。林则徐确实是中国近代史上睁眼看世界的带头人。“苟利国家生死以，岂因祸福避趋之！”这诗句生动地表达了林则徐不顾个人安危、忘我牺牲的高尚品格，也是他一生忠贞爱国的真实写照。林则徐是中国近代史上第一位值得纪念的民族英雄，他的业绩对人们一直起着鼓舞作用。

一代抗日名将——吉鸿昌

吉鸿昌（1895—1934），抗日名将。原名恒立，字世五，河南扶沟人。坚定的抗日英雄。因积极投身抗日活动，1934年11月9日，在天津法租界被军统特务暗杀受伤，遭工部局逮捕，引渡到北平。根据蒋介石命令，24日吉鸿昌被杀害于北平陆军监狱。临刑前题诗一首：“恨不抗日死，留作今日羞。国破尚如此，我何惜此头？”

中国航天之父——钱学森

钱学森（1911—2009），祖籍浙江杭州，出生于上海，中国现代科学家、世界著名火箭专家、中国工程控制论专家、系统工程专家、系统科学思想家。在国内外享有很高的声誉。钱学森1947年成为美国麻省理工学院最年轻的终身教授。1950年，美国发动侵朝战争，他毅然决定立即回国，但遭到美国联邦调查局的逮捕、迫害，扣留达5年之久。钱学森一直为坚持真理和正义而斗争。直到1955年9月17日，在周恩来总理和祖国各界人士的关心帮助下，钱学森偕夫人蒋英和两个孩子离开美国，乘船回到了祖国。他在科学的许多领域作出了卓越的贡献，特别是在社会主义新中国，钱学森以他渊博的知识和对人民事业的热忱，为组织领导新中国火箭、导弹和航天器的研究发展发挥了极其重要的作用，被誉为“中国航天之父”。

爱国豪言壮语

身既死兮神以灵，魂魄毅兮为鬼雄。

——屈原

捐躯赴国难，视死忽如归。

——曹植

国耻未雪，何由成名。

——李白

报国行赴难，古来皆共然。

——崔颢

以天下为己任。

——欧阳修

黄沙百战穿金甲，不破楼兰终不还。

——王昌龄

向来忧国泪，寂寞洒衣巾。

——杜甫

位卑未敢忘忧国。

——陆游

男儿宁当格斗死，何能怫郁筑长城？

——陆游

死去元知万事空，但悲不见九州同。王师北定中原日，家祭无忘告乃翁。

——陆游

生当作人杰，死亦为鬼雄。至今思项羽，不肯过江东。

——李清照

待从头收拾旧山河，朝天阙。

——岳飞

人生自古谁无死，留取丹心照汗青。

——文天祥

风声、雨声、读书声，声声入耳；家事、国事、天下事，事事关心。

——顾宪成

以吾数十年必死之生命，立国家亿万不死之根基。

——孙中山

今日人人有亡天下之责，人人有救天下之权。

——康有为

少年智则国智，少年富则国富，少年强则国强，少年独立则国独立，少年自由则国自由，少年进步则国进步，少年胜于欧洲，则国胜于欧洲，少年雄于地球，则国雄于地球。

——梁启超

天下兴亡，匹夫有责。

——顾炎武

拼将十万头颅血，须把乾坤力挽回。

——秋瑾

望门投止思张俭，忍死须臾待杜根。我自横刀向天笑，去留肝胆两昆仑。

——谭嗣同

爱国如命，见义勇为。

——蔡锷

大江歌罢掉头东，邃密群科济世穷；面壁十年图破壁，难酬蹈海亦英雄。

——周恩来

南国烽烟正十年，此头须向国门悬。后死诸君多努力，捷报飞来当纸钱。

——陈毅

国防知识篇

开班会的意义

“国无防不立，民无兵不安”。国防是人类社会发展与安全需要的产物，是关系到国家和民族生死存亡、荣辱兴衰的根本大计。无数血泪事实告诉我们，一个民族拥有了强大的国防，人民才能安居乐业，国家才能繁荣富强。寸心虽小可载世，位卑亦可为国忧。作为 21 世纪生力军的当代青少年，是祖国的未来民族的希望，应常怀报国之志，关心祖国的国防事业，为中华民族屹立于世界民族之林而有所作为！

相关班会示例

你怎样看待战争与和平

一、班会目的

在活动中介绍战争与和平的辩证关系，渗透相关国防知识，引导学生反思历史，关注现实，增强国防意识和维护和平的使命感。

二、班会准备

剪辑的战争纪录片、竞答题、背景音乐、诗歌。

三、班会过程

1. 播放剪辑的纪录片片段（鸦片战争、第一次世界大战、第二次世界大战、抗日战争、海湾战争、伊拉克战争）。

2. 主持人从后台缓缓走出，声情并茂地朗诵《世界需要和平》。背景音乐由沉痛到庄严到充满希望。

3. 引导讨论：给你一次机会，你会在伊拉克战争中扮演什么角色？

你对我国“神州七号”载人飞船的航天成功作何感想？

4. 竞赛活动：把全班分成四组，每组按照军衔或毛遂自荐或推选产生将官、校官、尉官、士官、军士、兵，开始有组织地行军。

第一站“出师遇险”。设立抢答题、必答题、风险题。累计积分。

第二站“坚守城池”。每组选派两名成员，一名参加敌方设置的考验，一名为敌方设置障碍。没困住敌方或被敌方困住的，视为牺牲。组组见面也就是轮流四次。

第三站“鹿死谁手”。由前两站中领先者过主持人这一关。各组将官总结经验得失。

5. 班主任为“立战功”者授奖章，为胜利之队授军旗。

历代著名战役

楚汉战争

公元前 205 年 10 月，刘邦挥军出关，为义帝发丧，遣使联络诸侯，公开声讨项羽，揭开大战序幕。初战彭城，刘邦仅以数十骑逃离彭城战场，诸侯或死或逃，有的复附楚背汉，反楚联盟遂告瓦解。经成皋之争，刘邦从此背靠关中基地，倚托荥阳、成皋（今荥阳西）有利地势，与项羽长期抗衡。垓下之战，楚军受重创，项羽自刎于乌江（今安徽和县境）。楚汉战争遂以刘邦获胜、项羽败亡而告终。2 月，刘邦称帝，建立汉朝。中国重又归于一统。

淝水之战

东晋太元八年（383），东晋在淝水（今安徽瓦埠湖一带）击败前秦进攻的战争。前秦主将苻坚无视内部不稳、民疲兵倦的状况，恃众轻晋，单路突进，急于决战，导致大败。东晋面临强秦进犯，一致抵抗，并据敌情及时改变方略，在前秦军后续兵力未抵淝水前，抓住时机，与之决战，终获全胜，成为中国战争史上以少胜多的著名战役之一。

赤壁之战

三国形成时期，孙权、刘备联军于汉献帝建安十三年（208）在长江赤壁（今湖北蒲圻西北，一说今嘉鱼东北）一带大败曹操军队，这是奠定三国鼎立基础的著名决战。曹操自负轻敌，指挥失误，加之水军不强，终致战败。孙权、刘备在强敌面前，冷静分析形势，结盟抗战，扬水战之长，巧用火攻，创造了中国军事史上以弱胜强的著名战例。

国防宣传用语

有备无患，亡战必危。

——张九龄

愿得此生长报国，何须生入玉门关。

——戴叔伦

一身转战三千里，一剑曾当百万师。

——王维

但使龙城飞将在，不教胡马度阴山。

——王昌龄

金戈铁马，气吞万里如虎。

——辛弃疾

备战备荒为人民。

——毛泽东

兵民乃胜利之本。

——毛泽东

太平盛世要居安思危，和平岁月须警钟长鸣。

开放不忘警钟长鸣，发展更须强边固防。

能战方能言和，自强才能自立。

常怀报国之志为民为中华，常思武备兵事强军强国家。

关心国防就是关心自己，建设国防就是建设家园。

国防军事影片

《甲午风云》《林则徐》《地道战》《南征北战》《台儿庄大战》《DA 师》《导弹旅长》《冲出亚马逊》《国王与祖国》《士兵归来》《铁十字军章》《珍珠港》《莫斯科保卫战》《斯人林格勒战役》《中途岛大战》《沙漠雄师》《巴顿将军》《大阅兵》《反恐特警组》

敬爱师长篇

开班会的意义

现在的家庭独生子女居多，他们都是家庭的中心，是家中的“小皇帝”“小公主”。家中四五个大人围着他们转，孩子要什么，就给什么，真是“含在嘴里怕化了，捧在手心怕掉了”。久而久之，孩子的心中就只有自己，没有别人了。要让他们学会“感恩”，懂得敬爱父母和老师。

有位哲学家说过，世界上最大的悲剧或不幸，就是一个人大言不惭地说没有人给我任何东西。学校的德育工作应该重视感恩教育，让孩子学会知恩、感恩，父母的养育之恩，老师的教育之恩，社会的关爱之恩，军队的保卫之恩，祖国的呵护之恩……从家庭学校开始，从敬爱父母老师开始，让他们学会尊重他人。

相关班会示例

示例 1　母亲节，感恩母亲

一、班会背景

母亲节作为一个感谢母亲的节日，最早的庆祝仪式发生在古希腊。在美国、加拿大和一些其他国家，每年 5 月的第二个星期天就是母亲节。在其他一些国家的日期并不一样。母亲们在这一天通常会收到礼物。康乃馨被视为献给母亲的花。母亲节创立后，得到了全世界各国人民的支持。母亲节，已经成了一个名副其实的国际性节日。

二、班会目的

培养学生的独立自主能力，适应中学生活的能力，让妈妈放心。培养健康高尚的感情和健康快乐的心理，懂得妈妈对我们的爱。培养责任心，懂得用优异的成绩，懂事明理，回报妈妈。

三、班会过程

1. 导入：

主持人甲：老师们。

主持人乙：同学们。

合：大家好！

甲：母亲的笑容是世界上和煦的春风。

乙：母亲的皱纹是辛苦岁月风霜雪雨的刻痕。

甲：母亲的汗水和眼泪是世界上最名贵的珍珠！母亲的叮咛和教诲是世界上最美丽的声音！

乙：母爱是一滴甘露，亲吻干涸的泥土；母爱是酿造了百年的美酒，浓得化不开、散不去！

合：我们这次班会的主题是《感恩母亲》

2. 甲：也许在这一刻，我们似乎长大了许多。平日里我们从不去注意的一点一滴小事在眼前汇集，膨胀。同学们，请回想一下，在你成长的道路上，你与母亲之间是否曾经发生过令你刻骨铭心、难以忘怀的事情？欢迎同学们上台来，说一说你的故事。把你享受到的母爱，与大家一起分享！

（同学们纷纷讲发生在自己与母亲之间的故事）

3. 乙：多么感人的故事啊！是啊，母亲的爱是最伟大、无私、温暖的。当我们的心灵受到伤害时，母爱犹如暖风，吹暖了我们的心窝，使我们倍感温暖。古今中外，不知有多少作家赞颂过母爱的伟大与温馨！

甲：妈妈，她总是平静地接受现实，她从不抱怨、不感伤、不愤恨。人生的苦楚、寂寞和委屈，风霜雨雪，她全省略了，留下的只是一份爱，一份深沉的爱。这份爱，妈妈她毫不犹豫地全给了我们，使我们幸福、温暖、甜蜜……这时候，你们想对妈妈说什么呢？

（同学们纷纷起来发言）

乙：听了这么多同学感人的发言，我想老师一定也有许多感触，下面就请X老师发言。

（老师发言）

4. 甲：世上只有妈妈好。我相信这首歌每一个人都会唱。这首歌表达了千千万万个子女对母亲深深的爱。下面就请同学们用自己的歌声和琴声来表达对母亲深深的爱！

（大家齐声高唱《世上只有妈妈好》，有的同学弹琴伴奏）

5. 乙：一曲动人的献给妈妈的歌，唱出了儿女们对母亲的爱，唱出了儿女们对母亲的怀念。我相信在座的各位老师听了我们的班会课后也一定深有感触，下面就让我们一起来听一听老师们的感触！

（老师发言）

6. 甲：下面请同学们谈一谈对这首歌的理解和感悟。

（同学们感言）

感言示例：

“感恩的心，感谢有你，伴我一生，让我有勇气做我自己！”感谢母亲给了我生命中的一切，母亲这个神圣而伟大的名字将陪伴着我们。

在这母亲节到来的时刻，你是否给在家的母亲送上了一份真诚的问候？是否给在家的母亲道一声“母亲，您辛苦了”？是否给在家的母亲说一声“妈妈，孩子会让你满意的”？是否可以理直气壮地说“终有一天我成才了，康乃馨会微笑的”？

让我们一起携手努力，不要让流汗的母亲又流泪！

7. 甲：母爱是一处港湾，让我们远离风浪，享受安宁。

乙：母爱是指路明灯，让我们看清了前进的方向。

甲：母爱是雪中炭，给了我们温暖。

乙：母爱是饥饿时的面包，给了我们充实。

合：让我们对天下母亲说一声“谢谢”。

示例2　父亲如山要感恩

一、班会目的

1. 让学生在平等的对话中体验亲情，了解父母为自己付出的艰辛，懂得感激和报答父母的养育之恩是自己的职责。

2. 让学生理解孝敬父母的具体内涵，弘扬民族的传统美德，学会如何爱自己的父母，进而把这种爱上升到对集体、对祖国的爱，使学生有一种博爱的胸襟。

二、班会过程

1. 主持人出一些有关父母话题的抢答题，请同学们回答。

2. 观看一段名为《父亲》的视频，引起学生感情共鸣。

3. 做一个艰难的选择，写出自己最喜欢的五样东西包括人，其中包含自己和父母。然后从这五件东西中删除三样东西。让同学们感受到失去自己喜欢的东西的痛苦，从而学会珍惜拥有。

4. 学生谈谈自己和父亲的故事，或者说说自己对父亲的感情。希望通过这个过程让同学和父亲之间的感人故事感染其他的同学从而达到一种感情的共鸣。

5. 为父亲制作爱心卡。希望心灵的震撼能够落实到行动上，为了让这种震撼能够得到持久，用一面父亲墙来见证孩子们的内心的颤动。

6. 主持人总结，我们不仅要感谢父亲，我们要学会感激所有帮助过我们的人，从而达到一种主题的升华。

示例3　教师节主题班会

一、班会目的

让学生尊重老师，体会老师的辛苦。让学生学会关心他人，严格要求自己。培养学生的表达、活动能力。

二、班会过程

1. 介绍教师节的由来、演变。

2. 今天是我们老师的节日，让我们给老师送来一首歌《老师，谢谢你》。

3. 小品：《让我当一回老师》。

4. 舞蹈：《红烛赞》。

5. 班主任总结。

看了同学们的表演，老师非常感动，感谢同学们，为老师准备了精彩的节目，通过今天的班会主题，希望同学们好好学习，用优异的成绩报答老师和父母。

历代母爱故事

孟母教子

孟子年幼时住在凫村，此地靠近坟场，母亲以纺纱织布为生；孟子看见出殡、埋葬及祭拜的情形后，常跟小朋友一起玩这种游戏。孟母觉得居住在这地方不好，于是就迁移到营村；营村有屠宰场，孟子又学起屠夫宰猪做生意的样子。孟母见儿子如此模样，内心更加担忧，便再搬到邹城；由于新宅靠近学堂，孟子就每天以学人家读书的模样为乐，再也不会因环境关系而受到污染。孟母这才安心定居下来。

孟子长大后，孟母就将他送到学堂去读书。以前小孩读书的场所，大都是小小一间教室，并不是像现在的学校规模这么大，也没有很多学生，通常就一二十个小孩，由一位老师来教导读诵经典。孟子在这种小学堂读书，刚开始还懂得用功，后来渐渐就学会偷懒、贪玩，不肯用功读书了。有一天竟然还逃学回家。孟母此时正在机房织布，一看见他逃学回来，就拿起剪刀把织布机上只织了一半的线给剪断了。孟子很惶恐地跪下，问母亲为何要把线剪断。孟母责备他说："求学就跟织布的道理是一样的，必须一丝一丝地不断织上，才能累积成为有用的布料；假使中途把它给剪断了，那就会前功尽弃，成为一堆废料。你求学更是要不断地用功，最后才会有所成就，而现在你却偷懒逃学，不肯用功读书，就是自我堕落，如何能成就你的学业呢？”孟子听了母亲的训诲后，觉得非常惭愧，立刻向母亲忏悔认错，从此发愤向学。经过长年累月努力不懈的学习，终于成就了自己的道德学问。他延续“至圣先师”孔子的儒家学说，对后世影响深远，后人尊称他为“亚圣”。

母亲的教诲

隋朝时有个人叫高颖，做了宰相，位高权重。隋朝的江山似大厦将倾，高颖只知迎合皇帝，到处陪着皇帝游山玩水寻欢作乐。一日，高颖又要陪皇帝外出游玩，他问母亲家中缺些什么，以便带些回来。母亲泪流满面地对他说：“自从你做官以来，家里什么都不缺，你富贵已到顶了，所缺者，唯有砍头一项！你应该收敛收敛，慎之又慎啊！”高颖当时心里一震，但事后仍然我行我素。结果，作恶多端，咎由自取。有人说他企图造反，还有人说他搞乱朝政，想当天子。这些话很快传到多疑的隋炀帝耳朵里，便找了一个借口将高颖杀了。面对这“无言的结局”，人们不得不佩服高颖母亲的眼光和见解，“贪官唯缺砍头”，真是振聋发聩！

岳母刺字

岳母姚氏，中国历史上一位伟大的母亲，数百年来，人们心目中母亲的典范。她深明大义，忧国忧民，当金人南侵，大好河山破碎之际，她毅然将儿子岳飞送上抗金战场。临行前，为勉励儿子以身报国，在他背上刺下“精忠报国”四字。

母爱如佛

从前，有个年轻人与母亲相依为命，生活相当贫困。后来年轻人由于苦恼而迷上了求仙拜佛。母亲见儿子整日念念叨叨，不事农活痴迷拜佛，苦劝过几次，但年轻人对母亲的话不理不睬，甚至把母亲当成他成仙的障碍，有时候还对母亲恶语相向。

有一天，这个年轻人听别人说起远方的山上有位得道的高僧，心里不免仰慕，便想去向高僧讨教成佛之道，但他又怕母亲阻拦，便瞒着母亲偷偷从家里出走了。

他一路上跋山涉水，历尽艰辛，终于在山上找到了那位高僧。高僧热情地接待了他。席间，听完他的一番自述，高僧沉默良久。当他向高僧问佛法时，高僧开口道：“你想得道成佛，我可以给你指条道。吃过饭后，你即刻下山，一路到家。但凡遇有赤脚为你开门的人，这人就是你所谓的佛。你只要悉心侍奉，拜他为师，成佛又何难？”年轻人听后大喜，遂叩谢高僧，欣然下山。

第一天，他投宿在一户农家，男

主人为他开门时，他仔细看了看，男主人没有赤脚。第二天，他投宿在一座城市的富有人家，更没有赤脚为他开门。他不免有些灰心。第三天，第四天……他一路走来，投宿无数，却一直没有遇到高僧所说的赤脚开门人。他开始对高僧的话产生了怀疑。快到家时，他彻底失望了。

日暮里，他没有再投宿，而是连夜赶回家。到家门时，已是午夜时分。疲惫之极的他费力地叩动了门环。屋内传来母亲苍老惊悸的声音："谁呀？""我，你儿子。"他沮丧地答道。很快的，门开了。一脸憔悴的母亲大声叫着他的名字，把他拉进屋里。就着灯光，母亲流着泪端详他。

这时，他一低头，蓦然发现母亲竟赤着脚站在冰凉的地上！刹那间，灵光一闪，他想起高僧的话，他突然什么都明白了。年轻人泪流满面，"扑通"一声跪倒在母亲面前……

给树浇水的父亲

一个小男孩，从小得了脊髓灰质炎，腿瘸了，这个病还导致他长了一口参差不齐的牙齿，很不好看，所以这孩子从小就备受冷落。小伙伴们都觉得他又瘸又不好看，就都不跟他在一起玩。

有一天，他的父亲拿了一把小树苗回来，跟他的多个儿女说，你们一个人拿一棵树苗去种，看谁的树种得最好，我就给他买礼物。

这个小男孩跟他的哥哥姐姐一起拿了树苗种下去。这个孩子呢，由于老受冷落，就有一种自暴自弃的心态。他给那棵树苗浇了一两回水以后，心里就有一种很消极的想法。他想，我不管了，还不如让我那棵树早早死了吧，我反正是不受人喜欢的孩子，我再想要礼物，也不会得到它的。他就再也不给那棵树浇水了。

可是，后来他却发现，他那棵树就是长得比别人的好。那棵树长得特别快，树叶长得特别鲜亮。这是一棵特别茁壮的小树。

父亲不断地对他说："天啊，儿子，你长大会成为一个植物学家的。你真是天才，你的树怎么这么好呢？"

过了一段时间，父亲说："大家都看见了，在这些树苗中，只有这个孩子种得最好，我的礼物得买给他。"于是父亲给这个小男孩买了一个他特别喜欢的礼物。

后来，这孩子不断受到鼓励，他就想，这是天意。有一天半夜，他睡不着。心想，书上说植物是在半夜生长，我去给我的树再浇点水吧。他跑出来的时候，惊讶地发现，他父亲在那棵树边正一勺一勺浇水呢。他突然明白，他的父亲每天夜里都在悄悄地为他浇着这棵小树。这棵小树就是父亲在他心里种下的一个意识，让这个孩子自信起来。

看见这一幕以后，这个孩子的生命态度就改变了。后来，他没有成为植物学家，而是成了美国总统。他就是富兰克林·罗斯福。

孩子他爸

市里举办了一个书画展，观众络绎不绝。展览中有一幅画，画面上洪水滔天，淹没了地面，连树木也被洪水吞掉了，只留下水面上零星竖着的几根树枝：一个母亲浑身湿透，头发凌乱地贴在脸上，大水已经淹到她的腰部，她前弓着腰，努力推着一块木板，木板上坐着一个两三岁的小孩子……

看到这幅画的观众，都被画面感动了。有人感叹："好伟大的母亲啊!"有人赞扬："母爱的力量是无穷的!"还有人为母子俩祈祷："但愿苍天保佑，愿她们平安度过灾难……"

有一个中年妇女，一直站在这幅画的前面，定定地看着画。听到别人的议论，她皱着眉头，不住地摇头："不对，不对的……"可是，没有人注意她。

这时，有个年轻的姑娘叫了起来："咦？画面的标题怎么是《孩子他爸》？不通呀!"姑娘的话引起了其他人的注意，大家一看，果然如此，也露出了疑问的神情。那中年妇女松了口气，似乎看到一线希望。又有人叫道："我发现一个问题，你们看洪水都已经盖过树叶了，怎么可能只淹到画面上这位母亲的腰部呢？"中年妇女更高兴了，带有一丝开导的语气说："对呀，怎么会这样呢！你认真想一想啊!"有人不以为然地说："树叶比较远嘛，可能远处的水深呀!"

观众们议论了几句，找不出更合理的解释，也就走开了。直到傍晚，中年妇女一直寸步不离地守在那里，现在的她和那幅画一样，孤零零地待在一个角落，没有人愿意多看一眼。

展厅的广播响起来，画展就要结束了。这时，中年妇女像是终于下定了决心，快步走到展厅中央，挡在准备离去的观众前面，大声说道："各位先生女士，请允许我耽搁你们几分钟时间，解释一下这幅画好吗？"

观众都停住脚步，诧异地望着她。中年妇女说："我就是这幅画的作者，画面上是一个真实的故事，画面中的母亲就是我，那个孩子也就是我的儿子。"观众们顿时安静下来，静静地听着下文。

中年妇女回忆起了那个永生难忘的场景："当时，大水铺天盖地涌来，连一些房屋都被淹没了，何况是人？为什么画面上的洪水只到达我的腰部呢，因为我的下面有一个人在用肩膀驮着我，他就是我的丈夫，我孩子的父亲！我骑在丈夫的脖子上，他那样顶着我，在水底一步步地走着把我和孩子送上一个高坡，他却消失在水中，再也没有上来……现在，你们知道我为什么要把自己和孩子从画面上涂掉了吧？因为，这幅画的主角不是我们，而是孩子他爸……”

历代尊师故事

唐太宗尊师

唐太宗李世民是我国历史上一个少有的明君，他懂得国家要兴旺发达，长治久安，搞好子女教育非常重要，认为教诫太子诸王是“当务之急”。因此，他给几个儿子选择老师都是德高望重、学问渊博的人。而且，一再告诫子女一定要尊重老师。

一次，太子的老师李纲因患脚疾，不能行走。怎么办呢？在封建社会里面，后宫森严，除了皇帝和他的后妃、子女可以坐轿后，其他官员不要说坐轿，就是出入也是诚惶诚恐的。唐太宗知道后竟特许李纲的轿进宫讲学，并诏令皇太子亲自迎接老师。

后来，唐太宗又叫礼部尚书王圭当他第四个儿子魏王的老师。有一天，他听到有人反映魏王对老师不尊敬。唐太宗十分生气，他当着王圭面批评儿子，说：“以后你每次见到王圭，如同见到我一样，应当尊敬，不得有半点放松。”从此，魏王见到老师王圭，总是好好恭迎，听课也认真了。

由于唐太宗家教很严，他的几个儿子对老师都很尊敬，从不失礼。唐太宗教子尊师也被后人传为佳话。

程门立雪

北宋时期，福建将东县有个叫杨时的进士，他特别喜好钻研学问，到处寻师访友，曾就学于洛阳著名学者程颢门下。程颢死后，又将杨时推荐给其弟程颐。

杨时那时已 40 多岁，学问也相当高，但他仍谦虚谨慎，不骄不躁，尊师敬友，深得程颐的喜爱，被程颐视为得意门生，得其真传。

一天，杨时同一起学习的游酢向程颐请教学问，正赶上老师正在屋中打盹儿。杨时便劝告游酢不要惊醒老师，于是两人静立门口，等老师醒来。一会儿，天飘起鹅毛大雪，越下越急，杨时和游酢却还立在雪中，游酢实在冻得受不了，几次想叫醒程颐，都被杨时阻拦住了。直到程颐一觉醒来，才赫然发现门外的两个雪人！从此，程颐深受感动，更加尽心尽力教杨时，杨时不负众望，终于成为一个有大学问的人。

敬爱师长名言

失去了慈母便像花插在瓶子里，虽然还有色有香，却失去了根。

——老舍

一个人如果使自己的母亲伤心，无论他的地位多么显赫，无论他多么有名，他都是一个卑劣的人。

——亚米契斯

在孩子的嘴上和心中，母亲就是上帝。

——萨克雷

在这个世界上，我们永远需要报答最美好的人，这就是母亲。

——奥斯特洛夫斯基

就是在我们母亲的膝上，我们获得了我们的最高尚、最真诚和最远大的理想，但是里面很少有任何金钱。

——马克·吐温

我们体贴老人，要像对待孩子一样。

——歌德

母亲，是唯一能使死神屈服的力量。

——高尔基

世界上的一切光荣和骄傲，都来自母亲。

——高尔基

谁言寸草心，报得三春晖。

——孟郊

新竹高于旧竹枝，全凭老干为扶持。明年再有新生者，十万龙孙绕凤池。

——郑板桥

春蚕到死丝方尽，蜡炬成灰泪始干。

——李商隐

爱的奉献篇

开班会的意义

有一首歌是这样唱的：爱是LOVE，爱是爱心，爱是人类最伟大的语言，爱是正大无私的奉献。我想这应该是对爱最好的诠释了。充满爱的生活是每一个人追求的目标，爱是人的一种基本需要，爱是健全人格的基础，爱是心理健康发展的阳光和雨露。如果用生命来谱写一首曲子，那爱就应该是曲谱上跳跃的音符吧！生命中不能没有音乐，否则必定单调、乏味、郁郁而终，所以生命中也就不能缺少爱。生命，直至享受了爱的欢欣，所有颜色才会表现得淋漓尽致。一个人应该爱自己的亲人、朋友，也应该去爱周围的人，爱社会、爱人类、爱大自然。爱是人类永恒的主题。

相关班会示例

示例1　走进爱心小站

一、班会目的

实施爱的教育，培养爱的情操。培养对生活的珍惜、感恩之情

二、班会准备

1. 将全班分成五六个活动小组。

2. 确定活动主持人。

3. 各小组制定爱心活动计划（原则上不重复。可考虑：捐资助学、扶贫帮困、希望工程、走进敬老院、走进福利院、关爱智障人士、关爱残疾人、关爱生活的环境、关爱动物等）

4. 各小组实施爱心活动，活动结束后写出书面总结。

三、班会地点

室内外相结合。

四、班会过程

1. 唱《爱的奉献》，营造爱的氛围。

2. 朗诵诗歌《奉献之歌》。

阳光普照是对万物的奉献，甘露挥洒是对禾苗的奉献，大河涛涛是对土地的奉献，月儿皎洁是对花儿的奉献。奉献，就是给予。

奉献是无私的，奉献不是掂量算计地企求报答，给予了就头也不回地向前走去。奉献是无悔地，默默地给予，默默地走开，不计较得失是她的品格。

母亲给婴儿哺乳是奉献，园丁为学子是奉献，军人为国家战死是奉献，妻子为丈夫操劳也是奉献。奉献，就是责任感。

奉献是一种高尚的情操，她从始至终都没有丝毫的功利色彩。奉献是一种博大的爱，这中间没有同情，更没有怜悯。

绿叶托花是无私的奉献，春蚕吐丝是深沉的奉献，落叶化泥是悲壮的奉献，人间情爱是美丽的奉献。

奉献是一种精神。奉献是一种高尚的投入，绝不是被迫的应付。奉献跟装腔作势的做作无缘，她是发自心灵深处的挚爱。放飞一只小鸟是奉献，爱护一棵花草是奉献，节约一滴水是奉献，捡起一个烟头同样是奉献。

奉献是一种境界，绝非只有牺牲生命或给予财富才是奉献。奉献是体现一个人境界的标尺。奉献不一定非要轰轰烈烈，奉献是爱心的种种体现，是没有标准可以衡量多少的。

奉献是海洋的宽广，天空的高远，是人一生不倦追求的信念。让我们为这个世界来奉献吧，从现在做起，从一点一滴做起。

人人都以奉献为荣的世界，定是一个洒满阳光、花香芬芳的世界。

3. 各小组汇报爱心活动情况。

4. 各小组畅谈爱心活动感受，比较自己与他人的生活，学会珍惜，学会感恩。

5. 同唱《奉献之歌》，结束活动。

示例2　爱是我们共同的语言

一、班会目的

帮助学生理解爱心是博大的，懂得爱不仅是一种内心的感动，更是一种行动，珍惜在生活中点点滴滴的真情付出，人与人相处需要友善，世界需要爱，我们每个人生活在爱的包围中，应当学会去爱别人，学会感恩，只有这样，才能营造温馨家庭，享受幸福人生，构建和谐社会。

二、班会过程

在课间播放音乐《爱的奉献》，配以日常生活及社会上一些爱心行动的感人图片以渲染气氛，来激发同学们的爱的情感，深化对爱的认知。

第一环节：爱的感悟

在这一环节中让同学们观看丛飞的事迹，聆听丛飞的歌声，从中感受丛飞的爱的博大，激发自身的爱的良知，接下来，通过自身的体验，关注生活细节，从生活中搜寻爱的踪影，感受爱的芬芳，感悟生活总处处有爱，自己生活在爱的包围中。明白自己应当学会感恩，用自己的行动回报爱，做爱的传播者。

第二环节：爱的行动

安排同学分组讨论，思考自己应当以怎样的行动去传递爱心，表达友善，明确自己在家庭、学校、社会中的爱的责任，明确在生活中如何关爱他人。

第三环节：爱的困惑

在日常生活中经常会遇到爱的尴尬：就是自己热心付出，不求回报，却遭人误解，甚至给自己造成伤害，在这一环节中安排小品表演，再现生活中的爱的困惑，让同学们通过思考明白：我们不能因为暂时的误解或伤害而停留爱的脚步，爱是一种美德，社会需要互相关爱，我们应当将爱进行到底。

第四环节：爱的收获

在这一环节中主要让同学们通过思考明白爱的意义，爱可以提升自身的道德情感，给自己带来幸福，可以给他人帮助，为他们送去幸福、勇气、信心、成功甚至生命，爱帮助我们营造温馨家庭，构建和谐社会，我们每个人都应当做爱的使者，让别人因为自己的存在而感到幸福。

最后环节：爱的余音

最后，让大家明白社会需要爱，生活需要爱，我们每一个人都应当拥有爱心、奉献爱心，老师教同学们以一种特殊的语言——手语记住：爱是我们共同的语言，只要人人都献出一点爱，世界将变成美好的人间。爱是我们共同的语言，让我们做爱的使者，传播爱的芬芳，让别人因为我们的存在而感到幸福。

讨论话题参考

1. 可就当前社会上有关“爱的奉献”方面热点事件发表己见。（并加以延伸，探讨对生命的关爱）

2. 今年的感恩节，你用什么来感谢你的父母，你的亲人，你的朋友，你的老师，还有你身边众多的支持者呢？（结合自己的生活实际，发表看法）

3. 你参加过哪些爱心活动？（可联系自己的生活经历来加以思考。比如：你曾为贫困学生捐过款吗？你曾捐助过灾区吗？你曾去过敬老院吗？）

4. 面对失学儿童，面对贫困，面对洪水，你会伸出援助之手吗？

爱岗敬业故事

大禹治水

上古时代，虞舜时期发生特大洪灾，洪水泛滥，淹没了平地，冲毁了家园和庄稼，大禹临危受命，发誓一定要消灭洪水，造福于民。大禹身体力行，思索着前人治水的弊端，踏遍九州大地，采取疏导的方式，终于制服了洪水。他治水13年中，三过家门而不入，第三次经过家门的时候，孩子已经10多岁了。他的精神感动了人们，人们在他的带领之下，河道得以疏通。江水由高处流人低处，从湖里流到河里，然后流归大海，于是一块块平原露出水面，人们又重新搬回了陆地，修房盖屋，垦荒种地，养牛牧羊，过上了幸福生活。

抗洪英雄——李向群

李向群，海南琼山人。1996年12月入伍，广州军区某集团军“塔山守备英雄团”九连一班战士。

1998年夏，从南到北，从长江到松花江，我们国家发生了历史上罕见的洪水灾害。灾区人民奋起抗洪，全国人民无私支援。特别是，成千上万的解放军和武警官兵闻水而动，火速赶往灾区，扛沙包堵决口，用汗水、用鲜血，甚至用自己的生命与洪魔搏斗，谱写了一曲曲惊天地、泣鬼神的抗洪之歌。在千万个抗洪英雄当中，出现了一位家富不忘报效国家，舍生忘死为民献身的抗洪英雄李向群。

1998年8月5日，李向群随部队赴湖北荆州抗洪抢险，14日在抗洪抢险一线光荣加入中国共产党。在湖北公安县南平镇堤段的抗洪保卫战中，他带病坚持抢险，先后4次晕倒在大堤上，终因劳累过度，抢救无效，于1998年8月22日壮烈牺牲，年仅20岁。

抗击“非典”的领军人物——钟南山

作为中国抗击非典型肺炎的领军人物，在非典型肺炎猖獗的非常时期，钟南山不但始终在医护最前线救死扶伤，还积极奔赴各疫区指导开展医疗工作。而与世界卫生组织之间亲密合作，最终确定非典型肺炎病毒元凶，钟南山也起到了关键性的作用。

呼吸病学专家钟南山，1936年10月出生于南京，祖籍福建省。1960年毕业于北京医学院医疗系。1979—1981年在英国爱丁堡大学和伦敦大学研修。现任广州医学院院长，广州医学院第一附属医院呼吸病研究所所长、教授、博士生导师，广东省科协副主席。1996年当选为中国工程院院士。在哮喘、呼吸肌疲劳及慢性肺炎病人营养支持方面的研究处于国内领先水平。他创制了简易气反应测定法，证实并补充了“隐匿型哮喘”概念，并提出内皮素在参与哮喘炎症发展恶性循环的新观点。医疗上，他将各类型呼吸衰竭抢救成功率提高到85%以上。他先后发表论文数十篇，获部委及省市级奖励多项，1984年被国家科委批准为有突出贡献的中青年专家。

地震中的几位少年英雄

在2008年5月12日的汶川大地震中，在血与泪的悲痛中，却涌现了一批少年英雄。他们勇敢坚强和舍己救人的精神，让我们永远感动和铭记。

救出七名同学的雷楚年

雷楚年，15岁，彭州市磁峰中学初三三班的学生。地震时不是往外逃生，而是冲进教室救同学。他跑到自己的教室，发现还有7个同学蹲在教室的墙角边，马上带着他们往楼下冲。跑到一半，他突然发现，跟着他下楼的只有6名同学，还少一个！他又赶紧往楼上跑。留在教室的女孩叫欧静，由于惊吓过度，女孩蹲在门口一个劲地哭，可能是吓傻了，怎么拉她都拉不动，就干脆抱起她往楼下冲。最后几秒，楼塌了，他和七名同学幸存下来。

为同学挡楼板的刘力

15岁的平武县平通中学初中二年级女生曾媛醒来后发现，同桌刘力压在她身上，挡住了楼上塌下的水泥块，她被救了，但同桌永远地离开了她。曾媛表示，伤好后第一件事就是回乡寻找“同桌”的墓，以后年年祭奠他。

救同学压断腰的唐富文

唐富文，16岁，北川中学高一学生，腰椎骨折。5月12日地震后，为救面临窒息的好友谭勇，他让其他同学推倒砖石，结果砸中腰部。

救出多名师生的康洁

11岁的康洁是映秀小学六年级学生，5月12日下午地震时，她正在6楼上课，老师立即叫学生快跑。康洁先是钻到桌子底下，在经过一秒时间考虑后就从6楼纵身跳下，居然没有受伤。康洁自己脱险，并没有忘记救人，她冒着生命危险跨进了随时倒塌的教学楼。她四处搜寻同学和老师，看到一些老师被砸伤后不能动弹，康洁使出全身力气将老师往外拉。但康洁毕竟只有11岁，逐渐体力不支的她赶紧跑出废墟呼叫救援，从各个地方来增援的乡亲们冲进大楼救出了不少的师生。

帮同学撤退而遇难的邹雯

汶川县映秀小学身高1.6米的藏族姑娘邹雯，是五年级一班的学生，12岁，该班的班长和学校少先队大队长，她是县体育运动会短跑第五名，发现她的遗体时，她的手还紧紧搀扶着一位同班同学，一看就知道是她在帮老师组织同学撤离。要是她不帮助老师救同学，以她那么快的速度，自己一个人跑下来，肯定就不会出事啊！事后，幸存的同学都这么说。

关于爱的名言

“慈善”为外在的行为，“同情”为内蕴的感情。

——莫泊桑

我要爱，我要把自己沉湎于同情中，领略人间甘苦。

——贾希特

被人爱，多么福气！而有所爱，又多么幸福。

——歌德

献身的同时，自己也会升华。

——茨威格

感到自己是人们所需要的和亲近的人——这是生活中最大的享受，最大的喜悦。

——高尔基

世界上的一切光荣和骄傲，都来自母亲。

——高尔基

世界上有一种最美丽的声音，那便是母亲的呼唤。

——但丁

人生最美的东西之一就是母爱，这是无私的爱，道德与之相形见绌。

——日本

慈母的胳膊是慈爱构成的，孩子睡在里面怎能不甜？

——雨果

人的嘴唇所能发出的最甜美的字眼，就是母亲，最美好的呼唤，就是“妈妈”。

——纪伯伦

成功的时候，谁都是朋友。但只有母亲——她是失败时的伴侣。

——郑振铎

卫生保健篇

开班会的意义

历史上，人类饱受瘟疫的危害，它夺去了我们这个星球上数十亿的生命，破坏人类创造的财富，摧残曾经辉煌的古代文明。虽然瘟疫不是历史变迁的动力，但它确实影响甚至改变了历史。

回顾历史，回顾人类医学进步的历程，人类曾多次和各种各样的疾病灾害展开过殊死斗争，就是在这样的斗争中，人类对自然和自身的了解不断进步。可以说，一部人类的进化史，就是一部人类与各种疾病的交锋史、搏斗史、征服史。今天，人类对传染病的认识已经达到了相当的深度，人类战胜各种瘟疫的能力和手段也达到了空前的高度。

通过各种途径和方式对历史上各个时期重大瘟疫灾难进行了解，我们应该树立这样的观念：尽管瘟疫病毒有时看起来比人类更“聪明”，但人类最终一定会战胜瘟疫。同时我们更应该培养良好的卫生习惯和健康的生活方式，相信科学，崇尚科学，以科学的态度积极应对种种瘟疫灾难的考验。

相关班会示例

示例 1　崇尚科学，健康生活

一、班会目的

通过对瘟疫、疾病的认识，认识到培养良好的卫生习惯、拥有健康的生活方式的重要性，更加相信科学，崇尚科学，以科学的态度面对种种灾难的考验。

二、班会过程

1. 回顾“甲型 H1N1”流感期间给人们生活带来的巨大冲击，联系自己的经验体会谈感受。

2. 介绍有关奋斗在抗击疾病方面英雄的事迹。他们的精神给我们怎样的启示？

3. 人类历史上重大瘟疫事件知识问答。

了解鼠疫、结核病、天花、艾滋病等瘟疫和疾病的常识，以及这些瘟疫终止的方式。

结论：每一次战胜病魔，都只有依靠科学，才能推动医学的发展，不断探索有效的治疗方法和发明新的药品，把人们从疾病痛苦中解救出来，从而健康快乐地生活。

4. 放映相关电影或资料片片段。

讨论：人类面对自己无能为力的疾病时的恐惧和无助表现得淋漓尽致，这时，你会想到什么？你会抓住怎样的“救命稻草”？

5. 结束语。思考、想想自己生活中有哪些不良卫生习惯，准备怎么改变。怎么把崇尚科学、健康生活的精神落实到自己的每一天。

示例2　点燃香烟，燃烧生命

一、活动目的

通过活动，加深同学们对烟的认识和了解，掌握烟草中含有多种对人体有害的物质。知道吸烟对人体健康百害而无一利。教育学生不要染上吸烟的坏习惯，要爱惜身体，远离烟草。

二、活动时间

这个班会，活动空间比较大，花费时间也比较多，可以分两三节班会完成，或者在开班会之前做好调查工作。

三、调查内容

请同学们去商店作调查。

1. 各种香烟的价格。

2. 香烟的主要成分及其危害。

3. 去公共场所进行吸烟情况调查。

4. 对家庭成员吸烟情况进行调查。

5. 对调查情况进行分析，得出结论。

四、现场实验

为了证明烟雾中确实存在有毒物质，让我们做一个小实验吧！

1. 实验准备。

2. 进行实验：（1）尼古丁的检验；（2）一氧化碳的检验。

3. 根据实验结果进行分析。

4. 通过以上实验，写出自己的体会。

五、讨论交流

你打算怎样做一名禁烟的中学生？请写出你的做法。

六、拓展延伸

1. 你知道烟草内有多少种有害物质吗？请在全班进行讨论，你们讨论的结果是……

2. 你知道这些有害物质对人体各系统功能有哪些损害？(附表)

七、实践创新

围绕“禁止烟头失火”主题制作宣传标语、宣传画。

讨论话题参考

远离毒品，关爱生命

一、班会目的

通过活动的开展，使学生了解有关毒品的知识。通过图文并茂、通俗易懂的图片故事，教育和引导学生远离毒品，提高拒毒防毒意识。

二、班会过程

1. 谈话：同学们一定都听说过毒品，那什么是毒品呢？毒品都有哪些呢？谁能说一说呢？（可指名回答，事先进行准备）

2. 讲解：《中华人民共和国刑法》第357条规定：毒品是指鸦片、海洛因、甲基苯丙胺（冰毒）、吗啡、大麻、可卡因以及国家规定管制的其他能够使人形成瘾癖的麻醉药品和精神药品。常见和最主要的毒品有：（让学生看图片）鸦片、吗啡、海洛因、冰毒、摇头丸、可卡因、止咳水、大麻等。这些毒品长期吸食都会成瘾，对人体产生危害，而且易感染疾病。如果服用过量，则可导致死亡。

3. 看了这些图片，你有什么感受？(自由谈话)

4. 给学生读有关吸毒者的故事，使学生受到教育。

5. 讨论，交流体会。

6. 让学生了解防毒的方法。

(1) 问：当有人向提供毒品时，你会怎样做？(学生发言)

(2) 防毒有五种措施：一是直接拒绝；二是找借口溜走；三是提出反意见或转移话题；四是秘密报案(报警电话号110)；五是当毒贩毒友逼你吸毒并威胁你时，要第一时间告诉你的师长。

7. 总结。

同学们，今天我们了解了有关毒品的知识及防范措施，也知道了毒品对家庭、社会的危害。希望我们每个人为了自己的健康，为了家人的幸福，为了社会的安定，请远离毒品，珍爱生命。

人类重大瘟疫

人类历史上曾出现过多次重大的瘟疫灾难，即使在今天，这些灾难仍然让我们感到触目惊心。但是我们不应该因此而害怕面对这些灾难，恰恰相反，我们应该更多地去了解它，才能更好地预防它、阻止它。

雅典瘟疫

直到今天，仍然没人知道这场发生在2400多年前的雅典瘟疫从何而来，但可以确定的是，疾病几乎摧毁了整座城市。瘟疫像恶魔一样席卷整座城市，任何口服、外敷的药物都无济于事，最后，医生也被感染而生病。在恐慌面前，人们开始选择放纵的生活，没有什么比现时的享乐更能使他们逃避现实的恐惧，直到一位医生发现用火可以防疫，从而挽救了雅典。

2000多年过去了，瘟疫摧毁一座精心建造的文明城邦的惨烈依然令人谈之色变，这场灾难被一个幸存的学者记录下来，他叫修昔底德。人类遭遇瘟疫的编年史，从这里打开了。

流　感

早在公元前412年的古希腊时期，希波克拉底就已经记述了类似流感的疾病。到了19世纪，德国医学地理学家黑茨详细列表记述了自公元1173年以来的历次类似流感的流行病爆发情况。第一次明显由流感引起的流行病发生在1510年的英国。

1918年，流感再次席卷全球，造成4000万人死亡。据说，这场流感起源于美国，但谁也想不到，普通感冒居然可以变为杀人的怪兽。在那一年，近1/4的美国人得了流感，50多万人死亡。

现代世界上又出现过四次流感大流行，即：1957年开始的“亚洲流感”、1968年的“香港流感”、1977年的“俄罗斯流感”以及2009年的甲型H1N1流感。

鼠　疫

历史上首次鼠疫大流行发生于公元6世纪，起源于中东，流行中心在地中海沿岸。公元542年经埃及南部塞得港沿陆海商路传至北非、欧洲，几乎殃及当时所有国家。这次流行疫情持续了五六十年，死亡总数近一亿人。

第二次大流行发生于公元14世纪，持续近300年，遍及欧亚大陆和非洲北海岸，尤以欧洲为甚。到1665年8月，每周死亡达2000人，一个月后竟达8000人。直到几个月后一场大火（史称“伦敦大火灾”），烧毁了伦敦的大部分建筑，鼠疫流行随之平息。

第三次鼠疫大流行始于1894年，至20世纪30年代达最高峰，总共波及亚洲、欧洲、美洲和非洲的60多个国家，死亡达千万人以上。此次流行传播速度之快、波及地区之广，远远超过前两次大流行。

直到19世纪后期细菌学创立后，鼠疫的病源和传播途径才逐渐明朗。1894年，法国细菌学家耶尔森在香港调查鼠疫时，发现其病原体是一种细菌，这种细菌后来就被命名为耶尔森氏杆菌。1898年，另一位法国人西蒙德确定了鼠疫的传播途径是跳蚤把病菌从老鼠传播给人。到20世纪中叶，抗生素的发明使得鼠疫成了容易治愈的疾病，而公共卫生和居住环境的改善也切断了鼠疫的传播途径。现在，鼠疫已非常罕见，但并没有完全消失，因为它仍然会在鼠类之中传播，一有机会还会传播给人。尽管鼠疫已非不治之症，也容易控制，但是历史惨剧在人们心中留下的阴影难以消除，它仍然被许多人视为最恐怖的疾病。

狂犬病

狂犬病毒的面貌清晰地呈现在人们的眼前仅仅百余年的历史，但明确的病毒致病的记载早在400多年前就有了。早在1566年，疯狗咬人致病的案例已经被记录下来，但直到1885年，人们还不知道狂犬病到底由什么引起。

在细菌学说占统治地位的年代，法国著名科学家巴斯德通过试验发现，将含有病原的狂犬病延髓提取液多次给兔子注射后，再将这些毒性已递减的液体给狗注射，以后狗就能抵抗正常强度的狂犬病毒的侵染。1889年，巴斯德发明了狂犬病疫苗，征服了狂犬病，震惊了整个欧洲。

结核病

结核病又称为“痨病”和“白色瘟疫”，是一种古老的传染病。它是由结核杆菌感染引起的慢性传染病。结核菌可以侵入人体全身各种器官，但主要侵犯肺部，称为肺结核病。在历史上，它曾在全世界广泛流行，曾经是危害人类的主要杀手，夺去了数亿人的生命。1882年科霍发现了结核病的病原菌为结核杆菌，但由于没有有效的治疗药物，仍然在全球广泛流行。自20世纪50年代以来，不断发现有效的抗结核药物，使流行得到了一定的控制。但是，20世纪90年代以后，由于不少国家对结核病的忽视，使结核病流行的下降趋势减缓，有的国家和地区还有所回升。所以，世界卫生组织于1993年宣布“全球结核病紧急状态”，确定每年3月24日为“世界防治结核病日”。只要政府重视，加大投入。实施现代、科学的控制策略，长期、不间断地与之斗争，结核病是可以治愈和控制的疾病。

天 花

这是另一种恐怖程度可与鼠疫相比的传染病，它危害人类的历史可能比鼠疫还要久远，据传在3000多年前起源于印度或埃及。古代世界大约60%的人口受到了天花的威胁，1/4的感染者会死亡，大多数幸存者会失明或留下疤痕。幸运的是，天花已被人类彻底消灭，成了第一种、也是至今唯一一种被消灭的传染病。

天花是感染天花病毒引起的，无药可治，但是一旦得过天花而生存下来的人，体内就有了对天花病毒的免疫力，不易再得天花。这一点很早就被人们认识到。在古代中国和其他国家，都有人尝试利用这个特点预防天花：从天花病人的伤口采疫苗接种到健康人身上，但是这容易引起严重副作用乃至死亡。

1798年，英国医生琴纳首创接种牛痘，但是种牛痘并没有得到大力推广，在种牛痘发明150年后，世界上每年仍然有约5000万人得天花。直到1967年，世界卫生组织发起了消灭天花运动。1977年，最后一例自然发生的天花出现在索马里。1978年英国实验室发生事故，有两名工作人员感染上天花——这是天花退出地球舞台之前的最后插曲。1980年世界卫生大会正式宣布天花被完全消灭。天花病毒在自然界已不存在，只有美国和俄罗斯的实验室还保存着样本。

1961年，我国最后一例天花病人出现在云南西盟县，从此天花在我国停止传播，比全球消灭天花时间提前近20年。

霍 乱

霍乱自古以来即在印度恒河三角洲地区流行，1817—1923年百余年间发生过6次世界大流行。在1883年第五次大流行中，科霍从埃及患者的粪便中首次发现了霍乱弧菌。1905年又在埃及西奈半岛EL－Tor检疫站从麦加朝圣者尸体上分离出类似霍乱弧菌菌株，命名为EL－Tor弧菌，后将EL－Tor弧菌所致疾病称为副霍乱。由于两种弧菌的形态和血清学特性基本一样，临床表现及防治也完全相同，故1962年5月第十五届世界卫生大会决定将两者所致的疾病统称为霍乱。

20世纪末，霍乱的“东山再起”被称为“全球发生的不幸事件中最不幸的一件”。据世界卫生组织收到的报告统计，1991年全球有近60万例霍乱发生，死亡1.67万例。这一数字比过去5年霍乱发病及死亡总例数还多。这次霍乱的流行，虽然死亡人口与历史上发现的霍乱相比并不算多，之所以被认为是“全球发生的不幸事件中最不幸的一件”，主要是因为这次霍乱在人类历史上第一次集中发生在发展中国家，这表明生活水平下降和社会动荡、大规模人口流动造成的生活条件恶化，已经成为当代瘟疫的主要因素。

霍乱在我国是外袭性传染病，自从18世纪传入以来，发生过大小数百次。1952年天津市发现最后一例病人，我国即再无霍乱发现。

艾滋病

艾滋病是“后天免疫缺损综合征”（AIDS）的英文简称。艾滋病病毒终身传染，它破坏人的免疫系统，使人体丧失抵抗各种疾病的能力。1981年6月，美国疾病控制中心首先报道了5例这样的病例，他们都是同性恋者。随后，在美国和其他国家都陆续发现了类似症状的病人，后在全世界大规模传播开来。从发现第一例艾滋病开始，人类同艾滋病的斗争已将近20年，但到目前为止，仍未发现有效的疫苗和治疗方法。

非典型肺炎（SARS）

非典型肺炎是一种急性的呼吸系统感染疾病。世界卫生组织于2003年3月15日正式确认冠状病毒的一个变种是引起非典型肺炎的病原体，并将其名称分布为严重急性呼吸道症候群（SARS）。非典型肺炎主要通过近距离空气飞沫和密切接触传播，是一种呼吸道急性传染病，有比较强的传染力。非典型肺炎患者有以下一些症状：高烧（38℃以上）、干咳、气短或呼吸困难、发冷、头痛、食欲不振、身体不适、皮疹和腹泻。

该病例于2003年春在我国出现，并且很快波及全国，给我国人民的生活、政治、经济发展等诸多方面带来了严重的影响。

瘟疫教育影片

在世界电影诞生的100多年里，灾难和瘟疫一直是电影人关注的命题。他们在虚构的灾难情节中反思人类与自然的关系，审视人类曾经脆弱的灵魂，讴歌人类得以生存和繁衍的爱的主题。

《第七封印》

这是电影大师英格玛·伯格曼的不朽杰作。

14世纪中叶，黑死病（即鼠疫）在欧洲大陆肆意蔓延，没人可以逃脱它的魔爪。骑士布罗克以及他的同伴，从十字军东征归来后，发现自己的祖国被瘟疫吞噬，悲痛欲绝的他，在这时候迎面遇到了死神，但他不甘于在空虚中死去，与死神展开了一场搏斗。

布罗克的同伴，是个标准的享乐主义者，他看到了死神的衣角，仍然不忘混在女人堆里享乐。

神学院毕业的拉法，却捏着“道貌岸然”的假面具，盗窃死人的财物转手倒卖，挑拨人与人的关系做看客。只要还活着，他就一直吃吃喝喝，为钱财劳顿，当然，死神来到时，他自然没有讨价还价的余地。

约夫·米亚夫妇和他们的孩子，在当时教会不停地叫人专注于死亡的时候，却始终保持“日子天天无比的好”这一乐观的观点。片中英雄安东尼也正是为他们的精神所感动并决定要营救他们脱离死神。

《卡桑德拉大桥》

这部汇集了众多国际巨星的电影曾经在中国上映。

两名恐怖分子潜入联合国卫生组织大楼并企图炸毁它。罪犯和保安搏斗的过程中，一瓶装满鼠疫病毒的容器被打碎了，沾染了毒液的歹徒一个当场被擒，还有一个逃上了一列开往斯德哥尔摩的洲际列车。车上快乐的旅客们还不知道自己随时都可能被细菌感染。旅客中的医生张伯伦开始察觉事有蹊跷，但因为没有血清和抗原，乘客唯一的希望就是自身的免疫力！在这场和病毒的对抗战中，国家政府选择了“弃权”！他们命令封闭列车，并强迫火车改道去危桥卡桑德拉，希望车毁人亡。一片恐慌笼罩着整列火车……然而事情有了转机，列车上病人们开始一个个好转。张伯伦请求停下列车，却被粗暴拒绝。为了挽救旅客，张伯伦决定和所有人一起自救。当列车无可奈何冲向危桥时，犹太老人卡普兰为了挽救其他人，毅然引爆煤气罐，列车分成了前后两部分，前半部分冲向危桥，车厢坠入河中爆炸，而后半部分车厢上的人却因此得救了。

影片用大量篇幅展现了危难中乘客们的心路历程，他们抛弃了人与人之间宗教、文化、财富的种种隔阂，同心协力，用生命间的相互支撑，共渡难关。

《屋顶上的轻骑兵》

这是一部法国拍摄的史诗性大片。

故事发生在1832年，普罗旺斯霍乱蔓延。很多村庄里尸横遍地，黑鸦、饿狗在农舍里进进出出，在面目全非的尸体上撕扯。一个为了自己祖国的解放而勇敢作战的男人安杰罗和一个与丈夫走散了的贵族女人宝琳娜，在一个充满死亡的村庄里相遇。

他决定护送她逃离死亡。在逃出

村庄的那一刻，一段感情由此产生。夜晚，她病毒发作危在旦夕，他一刻不离用烈酒替她搓身。天亮的时候，她终于转危为安，在见到年迈富足的丈夫的那一刻，故事戛然而止。

影片没有讲述这场灾难何时结束，也没有交代男女主人公的未来。但它告诉观众，在灾难面前，无私无畏的爱是唯一的救命良药。只要有爱，生命就有希望。

名人健康语录

仁人之所以多寿者，外无贪而内清净，心平和而不失中正，取天地之美以养其身。

——《春秋繁露》

健康是智慧的条件，是愉快的标志。

——爱默生

健康是一种自由，是一切自由中首屈一指的东西。

——亚美路

健康犹如真正的朋友，不到失去的时候，不知道它的珍贵。

——培根

保持健康，这是对自己的义务，甚至也是对社会的义务。

——富兰克林

良好的健康状况和由之而来的愉快情绪，是幸福的最好资金。

——斯宾塞

正视疾病，勇于忍受的人，将变得更坚强、壮大。

——希尔泰

心理健康篇

开班会的意义

在我国，改革开放对于教育所产生的必然结果之一，就是心理健康教育进入学校教育和家庭教育领域，这是社会发展对教育提出的要求。今天的中小学生，是在中国改革开放的进程中出生和成长的。他们既是改革开放的最大受益者，同时，也不可避免地受到社会现代化进程带来的各种影响。近年来，国内有关专家学者所做的大量专门调查研究表明，当前我国中小学生的心理健康存在相当普遍的问题。因此开班会涉及这方面的内容十分有必要。

相关班会示例

示例 1　墙，推倒了就是桥

一、班会目的

为了促使家长和学生的相互理解，在两代人之间搭起一座心灵之桥，让两代人携手并肩，一起前行。

二、班会准备

1. 及时召开家长会，向家长通报班上的总体情况，并向家长介绍中学生的心理特征，号召家长同孩子展开谈心活动。

2. 组织全班同学以心理健康为题，写一篇文章，并要求每位同学联系实际、联系自己写出心得。

3. 以学习小组为单位，宣读自己的心得体会，经反复试讲，定出 12 位同学参加班级演讲，并选出评委 8 人。

4. 以班委会名义发出请柬，请 20 多位家长列席这次主题班会。

5. 主题班会之前，班干部精心布置了会场，黑板上用醒目的的色彩写上了主题班会的标题“墙，推倒了就是桥——关于代沟的思考”的美术字。主席台上摆放了鲜花，第一排为评委席，第二、第三排为家长席。

三、班会内容

主持人：同学们，爸爸妈妈的今天，便是我们的明天，而我们的今天就是爸爸妈妈的昨天。昨天和今天，相距本不该遥远，让我们诉一曲衷肠，让昨天和今天紧紧相连。下面请听××同学的发言。

主持人：我们的爸爸妈妈，肩负着诸多的责任，他们要搞好工作，操持家务，教育儿女，还要刻苦攻读，夺回在动乱年代里失去的青春，作为儿女，岂能再给他们增添烦恼！请听××的心声。

（有家长举手要求发言）

主持人：下面请家长××给我们说几句。

班主任或主持人做班会小结。

示例2　形成乐观开朗的性格

一、班会目的

引导学生发现和感受快乐情绪，学会做一个开心的人，保持良好的心境，形成乐观向上的性格。

二、班会准备

1. 教师制作CAI课件；2. 学生收集笑话故事。

三、班会过程

1. 情境导入

（1）同学们，今天这节课，老师首先送给大家一个见面礼，你们猜会是什么呢？

（2）学生各自猜想。

（3）今天，老师要送给大家灿烂的笑容，银铃般的笑声，还有无比快乐的心情！来，一起欣赏老师送给大家的幽默短剧。

（4）CAI课件播放幽默短剧，学生认真观看。

（5）看到同学们开心的笑脸，老师也很高兴。同学们，你们能用什么办法把笑声和笑脸送给老师和其他的同学呢？来，进入我们的笑话林。

2. 笑话林

（1）我们的笑话林将展开一个“笑话擂台赛”，看谁讲的笑话获得的掌声和笑声最多，谁就是“笑话大王”。

（2）学生上台讲自己收集的笑话。

（3）全体学生一起评出“笑话大王”。

3. 快乐脸谱

（1）CAI课件出示脸谱，让同学们根据表情猜猜人物的心情，如快乐、忧伤、惊讶、痛苦还是愤怒等。

（2）这些脸谱，你最喜欢哪一个呢？为什么？（学生自由回答）

（3）快乐的脸谱总是最让人喜欢。那么你高兴的时候，脸部会有什么样的表情呢？或者当你看到别人快乐时，面部表情是什么样的呢？接下来请同学们在纸上画笑脸，至少画三种以上的笑脸。

(4) 请同学们把画的笑脸贴在黑板上，组成一副大的笑脸图。

4. 快乐传真

(1) 请同学们回忆一下，你们刚才笑起来的感觉是什么样的。

(2) 既然笑起来的感觉很好，那我们一定要开心多一点，笑脸多一点，并且要把开心和快乐传递给别人。

(3) 玩游戏：快乐传真。

玩法：请两组同学，每组 6 ~ 8 人，两组同时进行。每组的第一个同学用动作和表情来表示一种快乐的心情，然后传递给下一个同学，依次传下去，看哪一组传得又快又准确。

5. 快乐医生

(1) 今天，我们都非常开心，非常快乐，那你们知道开心和快乐有什么样的作用吗？

(2) 开心的作用可大了，可以让人永远年轻，可以消除疲劳，可以解除痛苦，还可以使人健康。俗话说："笑一笑，十年少。"既然开心有这么多好处，那我们不仅要自己快乐，还要让不快乐的人也快乐。老师请大家来当一回医生，为那些不快乐的人开出"开心处方"。

病例一：这位妈妈（可请一位学生的妈妈）最近很忧伤，她失去了工作，没有很多的钱给自己的小孩买漂亮的衣服，买好吃的东西。

病例二：这位同学（请一位学生扮演）考试又不及格，想到回去肯定会挨批评，他伤心极了。

病例三：一位小女孩（请一位女学生扮演）漂亮的裙子弄脏了，她正哭鼻子呢！

请学生逐一为上述"病人"开出"快乐处方"。

(3) 你还知道哪些病例能用"快乐处方"诊治吗？表演出来，请大家诊治。

6. 快乐歌

(1) 今天大家都很快乐。快乐让人年轻，快乐让人充满活力，让我们在生活中多一点开心，多一点快乐吧！

(2) 最后，让我们在一首快乐歌中边唱边跳，结束今天的活动。

示例 3　从挫折中奋起

一、班会目的

了解挫折是人们都不可避免的。学会运用战胜挫折的具体方法，能承受挫折，并在挫折中奋起。培养学生承受挫折的能力。树立正确的人生目标，培养不畏挫折的可贵品质。

二、班会过程

1. 故事导入（放录像）

我校一名高中女生张乐，活泼向上，各方面能力都不错，各科成绩也一直名列前茅。然而，一次语文课上，老师正在板书时，张乐的同桌李杰不停地拉扯她，张乐忍无可忍，对李杰说："请你别吵，用心听课。"老师顺着声音用责备的眼光盯着张乐，并说了句："你，怎么回事？"一向自尊心很强的张乐心里极不好受。从此以后，张乐一看见老师就远远地躲开了，她怕上语文课，看见语文课本就有一股莫名的火气。渐渐地，张乐内心的挫折感愈严重，致使语文成绩一落千丈。

张乐因为承受了老师误解的挫折，导致成绩下降，那么我们在日常生活中，是否可以避免挫折，事事顺利呢？引出课题，今天讨论：人生难免有挫折

什么是挫折呢？挫折是人们在追求某种目标的活动中遇到干扰、障碍，遭受损失或失败时产生的一种心理状态。这种心理状态是由于人有各种需要不能满足，愿望和目标没有实现所造成的。请问：同学们有过类似的心态吗？

2. 说挫折

(1) 老师设置表格，引导学生谈挫折。(注：这是本次班会的第一个高潮，学生能否说起来、活跃起来，是关键)

请同学们谈谈自己在学习、生活中印象深刻的一次挫折。请根据这两栏表，自由谈论。谈论方式：可以自言自语，也可以与同桌同学交流或小品表演。

我遇到的至今印象深刻的一次挫折。

我受挫后的心情、表现。

(2) 学生自由讨论后，举手发言或进行小品表演。

(3) 老师归纳。

3. 寻求解决挫折的办法

遇到这些挫折，我该怎么办？请同学们帮我出主意？（注：这是本次班会的第二个高潮，同学们能否积极出主意，是关键。）

我们先回到我刚才放的一段录像：张乐因被教师误解受挫事例。

请问：

(1) 假如你是张乐的朋友，你会怎样帮助张乐走出困境。

小结：同学们非常聪明，与老师的想法大致相同。请看老师是怎样帮助张乐寻求解决挫折的办法。（放录像）张乐之所以能走出困境，是因为她掌握了战胜挫折的最基本的方法·

冷静对待
自我疏导
请求帮助
积累经验

其实，战胜挫折的方法有很多很多，这是最常见的、最基本的一些方

法，也是摆脱困境、战胜挫折、变失败为成功的秘诀。那我们是否可以把它运用到实际当中去。

下面就请刚才谈了挫折的同学说一说：

（2）我应该怎么战胜自己的挫折呢？并请同学们帮帮忙？能否提出更好建议？（提示：可以运用刚才四种方法，还可以借鉴其他方法）

小结：同学们说得非常好！其实挫折并不可怕，关键看我们如何对待挫折。如有些人在挫折中一蹶不振、意志消沉甚至万念俱灰，这才是最可怕的。所以我们面对挫折，应该勇敢战胜它，在挫折中磨砺自己的意志，回顾古今中外的名人，无一不是从挫折和坎坷中磨砺出来的。

4. 名人名言比赛

请同学们说一说有关“遇挫折，变压力为动力”的名言。

比赛规则：分成三大组，名言接龙，一个挨一个说，中间如有间断，后面的同学接上。每组时间分别限为1分钟，在这1分钟内比一比看哪一组说得又多又快。老师会发一个小小纪念品作为奖励，先准备2分钟。一组比赛，另两组帮助老师记数。

5. 总结

通过今天的班会，我们知道，在人的一生里，挫折是不可避免的。我们应该做的，是掌握战胜挫折的方法，培养承受挫折的健康心理，并且在面对挫折的时候能够迎难而上，勇于开拓进取。

讨论话题参考

1. 如何适应中学的学习？（从学习方法、人际关系等方面考虑）

2. 上课总要走神怎么办？（从不同原因入手，比如：思维敏捷的、知识有缺陷的、凭兴趣的、学习习惯不良的、身体虚弱的）

3. 怎样正确对待公布考试成绩的压力？（从学习态度、分析原因、制订计划等方面考虑）

4. 怎样复习才有好的效果？（深刻理解、任务明确、及时复习等方面）

5. 怎样才能做一个受人欢迎的人？（从言行举止各方面考虑）

6. 看不惯同学的某些行为时怎么办？（是否是自己过于主观、嫉妒、气量狭小等）

7. 第一次收到异性同学的求爱信应怎么办？（正确对待、分清对方真意、私下解决）

8. 对老师产生特殊感情怎么办？（学会控制、双方理智处理好各方面关系）

9. 崇拜“明星”有什么不好？（消耗精力，不利于塑造自己的个性，失去大片广阔天地）

10. 希望得到别人的注意和重视，是虚荣心的表现吗？（人的天性、个性品质的表现，不要过分、夸大）

11. 同学受到表扬奖励，不服气怎么办？（使压力变为动力，正确认识自己，摆正自己与别人的位置，站在他人立场想问题）

12. 怎样才算一个心理健康的人？（智力发育正常，正确自我认识、自我评价，良好人际关系，行为符合社会要求）

13. 为什么有人会走上轻生的道路？（心理社会因素、精神病、长期疾病折磨）

14. 为什么总感到做人难，活得太累？（面对现实、换角度看问题、审慎分析挫败原因、积极采取措施）

15. 当受到别人误解时怎么办？（解释、沉默、寻根溯源、心地坦然）

16. 抄袭作业的心理原因是什么？怎样克服？（充分认识完成作业的意义、克服依赖性和惰性、从具体环节入手）

17. 追求“名牌”的心理原因是什么？怎样克服？（炫耀心理、攀比心理、怕人瞧不起心理）

人生成功课堂

目标＋计划＋行动＝成功

每个人对成功的看法都不一样，但是有一点是可以肯定的：成功就是达到既定的有意义的目标。没有目标，就无所谓成功。

世界潜能大师博恩·崔西曾经说过这样的话：“成功等于目标，一个人要想成功，最关键的一步就是首先要为自己树立一个明确的奋斗目标。”

设定目标对你人生方向的影响，一开始可能不是很大。那就像航行在大海上的巨轮，虽然航向偏了一点点，一时很难注意，可是几个小时或几天之后，便可以发现船会抵达完全不同的目的地。一切的成功都不是一蹴而就的，需要不断地改进。成功之人绝不会只以完事为满足；而会要求不断做得更好。如果你信守这个观念——持久不懈地改善——那么就可以保证你的一生不仅会不停地成长，并且最终一定会成功。从另一方面来说，这并非意味你每件事都会做得很好，也并非意味着一做事就会马上改观。最成功的人必然是那些懂得分寸的人，他们不会一口气承担下力所不能及的事，总会把一个大目标分割成数个可以达成的小目标，最终累积成所企望的成功。能设定出小目标尚且不够，还必须在达成每个小目标时懂得给自己庆贺，这样才会做得越来越有劲，并养成慢慢使美梦成真的习惯。从大目标到小目标，再从小目标到大目标的过程中，需要制定一个个明确具体的计划，每个阶段该做什么，怎么样去做，什么时候做，都应做到胸中有数，有的放矢。

我们都听过“千里之行，始于足下”这句话，可是真的开始要迈这第一步时，却常常忘了提醒自己要拿出行动这一点。记住，一千次决心不如一次行动。只有不断地行动才会缩短到达目标的距离。

自信是成功的第一要诀

有些人爱说：“看了才会相信。”我却说：“信了才会看见。”

如果你在思想上认为一件事是不可能的，你在行动上自然不会去做，从而使这个不可能显得理所当然，我们也就当然不会采取积极有效的行动，最终的结果肯定是这件事真的成为不可能了，也就自然不会有什么好结果。

其实“能”还是“不能”完全取决于你的信念，你认为“能”你就“能”。“我不能”不是一个事实，只是一个观念。在我们一生当中，经常会听到有人告诉我们“你是做不到的”，而我们往往信以为真。这些声音可能源于你的父母、师长的谆谆告诫，也可能是你比较接近的同事、朋友，甚至你自己。他们也许没有恶意，有的甚至有可能是发自内心的善意，但是他们的话常常会引发我们内心的恐惧与不安，使我们害怕尝试冒险，自我设限，勇气逐渐消失，性格变得怯懦，生活也变得千篇一律、原地踏步。

事实上，“你做不到”并不是真理。除非你确实试过，否则没有人能肯定地说“不可能”——因为没有任何人知道。

几乎每一个伟大的构想在开始的时候，没有几个人能想到它真的可行。在飞机发明之前，科学家认为飞行是不可能的；在麻醉药发明之前，医生坚信无痛手术是不可能的。

人的行为是受思想观念制约的，有什么样的思想观念，就会产生什么样的行为，有什么样的行为就会产生什么样的结果，而这个结果又会使你对以前的观念更加坚信不疑，如此经过多次循环，便形成信念，信念一旦形成，便很难改变。

自信的真正含义是：自信不是在你得到之后才相信自己能得到，而是在你还没有得到之前就相信自己一定能得到的一种信念。建立自信的基本方法有四种：第一是不断地想象成功；第二是不断地获得成功；第三是把自己在一个领域里取得的成功经历“移植”到你需要自信的新领域中来；第四是每天运用语言对自己进行自我暗示，自我肯定。你可以每天这样大声对自己说：“我是最棒的!”“我相信我能够成功，我一定要成功!”法国心理疗法专家艾米尔库埃有一句名言，在20世纪20年代的英国和美国，被成千上万的人反复念叨：“每一天，在每一方面，我都越来越好!”

唤醒心中的巨人，激发心灵的潜力

如果把人的大脑比喻成一座冰山，那么意识就是浮出海平面的那部分，而潜意识则是隐藏在海平面以下的那部分。我们要学会怎么样把大脑中蕴藏的巨大的潜意识的能量开发出来，使你如虎添翼。

大脑接受信息的方式可以分为有意识接收和无意识接收两种方式。有意识或者说是显意识接收是人脑对于周围事物的刺激有知觉地接收信息。而无意识接收是人脑对于周围事物的刺激不知不觉地接受信息，这就是潜意识。潜意识具有以下特点：

1. 能量巨大。美国知名教育培训专家、潜能大师博恩·崔西指出潜意识的影响力量是显意识的3万倍。

2. 功能齐全。

(1) 记录存储的功能。潜意识就像一个巨大的电脑硬盘把我们的人生经历，包括你看到的、听到的、感觉到的所有的一切都毫无遗漏地保存下来。事实证明，运用冥想、催眠这些方式能够让我们唤醒沉睡的记忆。

(2) 自动化操纵的功能。比如说今天你是用哪只脚先走进这个房间的，完全是由你的潜意识控制，你不需要用意识来指挥它，它完全是自动化的操纵。进一步说，其实我们的心跳、呼吸、血液流动也都是潜意识在控制着。

(3) 配合达成目标的功能。潜意识还有一个资源锁定系统，它具有配合你达成目标的功能。当你确定了一个目标后潜意识就会自动搜索与目标相关的资源来协助你达成目标。

3. 不辨真伪。潜意识是不辨真伪的，不管你向它输入什么样的信息，它都会全盘接受。

行为心理学研究表明：21天以上的重复会形成习惯；90天的重复会形成稳定的习惯。即同一个动作，重复21天就会变成习惯性的动作；同样道理，任何一个想法，重复21天或者重复验证21次就会变成习惯性想法。所以一个观念如果被别人或者自己验证了21次以上，它一定已经变成了你的信念。习惯的形成大致分三个阶段：

第一阶段：1～7天左右。此阶段的特征是“刻意，不自然”。你需要十分刻意提醒自己改变，而你也会觉得有些不自然，不舒服。

第二阶段：7～21天左右。不要

放弃第一阶段的努力继续重复，跨入第二阶段。此阶段的特征是“刻意，自然”。你已经觉得比较自然，比较舒服了，但是一不留意，你还会回复到从前，因此，你还需要刻意提醒自己改变。

第三阶段：21～90天左右。此阶段的特征是“不经意，自然”，其实这就是习惯。这一阶段被称为“习惯性的稳定期”，一旦跨入此阶段你已经完成了自我改造，这种习惯就已经成为你生命中的一个有机组成部分，它会自然而然地不停地为你“效劳”。

做一个计划成功者，去有计划地为自己塑造好习惯。法国作家罗曼·罗兰有句名言：性格即命运。假如我们的本性中有一些阻碍成功的因素如果不改变，就注定要失败；要成功，就必须立即改变。改变习惯其实是简单的，成功其实也是简单的，成功就是简单的事情反复地做。之所以有人不成功，不是他做不到，而是他不愿意去做那些简单而重复的事情。

影响潜意识的方法有：

1. 运用视觉的力量。你可以把你渴望得到的东西的图片贴在“梦想本”上或墙壁上，时时看，天天看。

2. 运用听觉的力量。你不妨把你的核心目标每天大声地念多遍。只要你每天像念经一样不断重复你的目标，你的潜意识就会自动帮助你达成目标。

3. 运用手写的力量。白纸黑字具有巨大的开发潜能的神奇魔力，你要把你的核心目标每天早晚各写50遍。

4. 运用想象的力量。在潜意识中有一个公式：想象＋逼真＋重复＝事实。这个公式就是说在我们的脑海中只要你能够不断地重复这个逼真的想象，最后你所想象的事物都会被你的潜意识认为是事实。

5. 用潜意识录音带或CD。听潜意识录音带或CD是一种影响潜意识的最快速有效且持续力强又不费力的方法。

向成功者学习

成绩好有成绩好的理由，成绩差有成绩差的原因。获得成功最快的方法就是运用已被实践证明的有效方法。有许多人之所以不成功，就是因为他们固执己见，总是认为自己的那一套做法是最好的，他们不愿意虚心向已经获得成功的人士学习。

成功者之所以会成功，一定有方法和原因，找出其中的方法和原因，为我所用，可以让你减少摸索的时间，少走许多弯路。如果有条件，最好是当面向成功者请教，请他指点迷津，这比你自己看书自己感悟效果更好。俗话说得好，“听君一席话，胜读十年书”。如果有机会，你还不妨仔细观察成功者的所作所为，看看他们是怎样合理地支配时间，他们是怎样对待学习，他们是怎样处理问题，这些都是你获得成功秘诀的最佳捷径。如果不能向成功者当面请教，我们则可以通过阅读他们写的书来向他们学习，因为这些书就是他们思想和智慧的结晶。当然，我们首先要开放思想，清除固执和偏见，留出一个思想空间，虚心接纳他们的观点，并能结合自身的实际情况，制定好适合自己发展的路线。

立即行动

“千里之行，始于足下”。行动是实现目标的唯一途径，如果你不采取任何行动，即使成功的果实就在你附近，你也摘不到。英国前首相本杰明·狄斯累利曾指出，虽然行动不一定能带来令人满意的结果，但不采取行动是绝无满意的结果而言。做了，你就有可能成功；不做，你永远不可能成功。

世界第一位潜能大师安东尼·罗宾认为：人生伟业的建立，不在于能知，而在于能行。

行动的实质就是付出。付出你的时间、精力、财物、汗水甚至鲜血……

成功没有秘诀，就是要在行动中尝试、改变、再尝试……直至成功。有的人成功了，不是因为他们的运气比我们好，而是因为他们比我们犯的错误、遭受的失败更多。

要想实现目标，你必须要养成今日事今日毕的好习惯，不要把今天应该完成的事拖到明天。清代钱鹤滩写了一首《明日歌》：“明日复明日，明日何其多。我生待明日，万事成蹉跎。世人苦被明日累，春去秋来老将至。朝看水东流，暮看西日坠。百年明日能几何？请君听我明日歌。”这首歌是值得我们记取的。另外，为了能达到目标，你必须要有持之以恒、坚持到底的精神。没有想不到，只有做不到。制定目标或许还不算太难，但是能坚持到底就不是件容易的事了。

疑难问题解答

1. 为什么会出现厌学情绪，怎样克服？

学习困难、成绩欠佳是导致厌学最普遍的原因。对于这部分同学，学习更多的给他们带来了消极和不快的感受，因而灰心丧气，最终失去了对学习的兴趣。

学习负担过重，使同学们处于超负荷的运转之中。除了要完成老师布置的作业，看参考书，还要面对家长的加码。而一部分同学缺乏应付繁重学习任务的经验和手段，容易产生厌学情绪。

有的同学心理素质差，学习中怕吃苦，怕困难，怕失败。缺乏坚持性与毅力，缺乏学习热情，也易导致厌学。

另外，教师教学效果不好或工作不负责任，挫伤了学生学习积极性，以及师生关系紧张等因素都可诱发厌学情绪。

要克服厌学情绪，首先应树立正确的认识，产生学习的需要。学习是青少年健康成长的主导活动，也是社会赋予他们的任务，面对新信息不断涌现，科学技术日新月异的社会，每个人不通过学习，更新知识，他就无法适应。只要同学们树立正确的学习观，就能激发强烈的学习动机。

其次，要改变学习方式，提高学习效率，减轻学习负担。应注意安排好学习的程序，养成预习、复习和认真听讲的习惯。每天放学后，第一个任务是抓好复习，先复习后做作业。第二个任务是抓好预习。第三个任务是抓住功课的薄弱环节进行补习，跟上正常的教学进度。

第三，注意良好心理素质的培养。心理素质是影响学习的重要因素，它主要包括智力因素和非智力因素两个方面。智力因素有注意力、观察力、记忆力、思维力、想象力等，而情绪、意志、兴趣与个性则属于非智力因素。在学习过程中，我们除应注意敏锐的观察力、丰富的想象力、敏捷的思维力等智力品质的提高外，更应重视广泛的兴趣、积极的情感、坚强的意志和良好的个性等各种非智力因素的培养。

2. 老师批评错了自己怎么办？

“师者，所以传道、授业、解惑也。”为人之师的教师确实应该在很多方面堪为人之楷模，但这并不是说他们不能出差错。作为学生，不能苛求老师不犯任何错误，对老师的爱心之中应包含一分宽容和理解。

老师批评学生，即使是错误地批评了学生，也是对学生爱的体现。因此，除了对老师的不足持宽容态度之外，对老师的错误批评还应有一分体谅，但体谅不等于委曲求全，也不是回避矛盾，面对老师错误的批评，你还得采取相应的行为。

一个人要学会从他人的错误中学习。学生要善于在老师的错误批评中进行自我批评，借此来加强思想行为修养。老师错误的批评多半来自一贯的印象，一定程度上是对自己过去行为处事的反映。因此要反过来问自己，“我怎么会给老师留下这么一种印象”，从而检查自己往日的言行，做到有则改之，无则加勉。

面对老师的错误批评，不必苦

恼，更不必耿耿于怀，要做适当的解释工作，避免与老师的隔阂越来越深。在向老师解释时，有两点需要注意：一是在诚恳的自我批评的前提下，指出老师批评中的错误之处；二是要选择时机和场合，避开老师的盛怒，找机会心平气和地同老师谈话。

但并非所有的事情都能解释清楚，如果你无论如何解释，仍然改变不了老师的看法，不妨冷处理，将它暂时搁置一边，让时间、让自己的行动去向老师证实，生活的浪涛会把本不属于你的污点冲刷干净。对一个人而言，最重要的、最困难的还在于用自己的行动去证实自己的光明磊落。

3. 怎样对待父母“望子成龙”的心态？

怎样对待父母“望子成龙”的心态是中学生面临的一个普遍问题。父母“望子成龙”的心态，实际上是一种高期望状态。父母们都期望自己的子女能有出息，这种期望可以转变成为子女的一种行为动力，但过高的期望也是一种沉重的压力。它让人处于一种矛盾状态。所谓“期望越高，失望越大”就是这种矛盾状态的反映。所以，中学生想轻装上阵，就得学会正确对待父母的“望子成龙”心态。

首先，不论父母对你寄托了什么期望，你得对自己有个正确的评价。同学之间是有差异的，正确地评价自己，就要通过与同学的比较发现自己的优势与劣势，由此选择一条适合自己的路。正确的自我评价会使得自己的奋斗目标切合实际，从而获得不断的成功，使自己对一切充满信心。

在正确的自我评价后要用行动来改变父母对自己不切实际的期望。首先对父母的期望要表示理解，不要反唇相讥，更不能因自己达不到而顶撞父母。要多与父母沟通，告诉他们自己学习面临的困难和努力的方向，要在父母面前有踏实努力的表现，这样，他们逐渐会对你有个恰当的看法，而不再失望。

4. 当父母不理解自己时怎么办？

实际上，理解应该是双方面的，中学生既要求家长要理解自己，自己也应该理解家长，“可怜天下父母心”，家长的所作所为甚至斥责和打骂，都饱含对子女深切的关怀和爱心，只是“恨铁不成钢”罢了。中学生认为自己大了，家长也不是不知道，但总觉得他们仍处在一个半儿童、半成人，半成熟、半幼稚，半独立、半依赖这两种状态并存的过渡期，仍需要父母的教导和忠告，所以，人们常说“不听老人言，吃亏在眼前”也有对的地方。家长希望中学生抓紧时间，反对花过多时间聊天，这也不是没有道理的。当然，作为家长，对子女和异性同学交往的过分防范，过分的关怀和批评，都会引起子女的反感，造成两代人的隔阂，也是不妥的。你可以在适当的时机向他们提出自己的意见，告诉他们你的实际感受，但一定要在尊重他们的前提下进行。总之，当我们要求父母理解、尊重我们的时候，首先要同父母进行心理换位，理解并尊重父母，这样才能加强两代人之间的沟通和相互理解，填平两代人之间的代沟。

5. 和某一异性同学交往较多，被误认为是谈恋爱时怎么办？

我们应懂得，在人生成长的道路上很难避免不被别人误解，产生了误解，就要让理智来控制情绪，不要让误解来左右自己的行为。被人误解为谈恋爱，对当事人来讲常会有两种反应：一种反应是，一旦被别人议论就杯弓蛇影，正常的交往和正常的工作都回避了，以消极的态度对待这种议论。另一种反应是采取比较激烈的态度，总想给别人解释清楚自己是清白的，有时越解释越把问题复杂化了，其实这两种反应都无助于问题的解决。

人们常说：“语言止于智者。”被别人议论后，如果能采取泰然处之、坦然面对的态度，一笑了之，是处理谣言的明智方式。既然当事人双方的确没有因较多的交往而陷入感情的漩涡，影响学习和工作，就不妨坦然地继续保持原来的交往，时间一长，这种传闻就会失去它的新闻性，而逐渐被人们淡忘了。当然，能用此法来对付谣言，需要较好的涵养和开阔的胸襟，通常是比较难做到的。

6. 怎样克服拖拉的习惯？

拖拉习惯是一种不良的性格品质，造成这种习惯的主要原因有：①凡事避重就轻。许多中学生常常逃避需要费力气、花精力、时间的事，如做作业光是拣容易的题做，把难题搁置一边，结果越积越多。②时间错觉。有的中学生总觉得今天太短，明天很长，而把今天应当完成的事或经过努力可以做完的事推到明天。③缺乏计划。有些中学生“眼睛一睁，忙到熄灯”，看起来终日忙碌，到头来许多该做的事没做，该及时完成的作业未完成，这种人并不懒惰，主要是因为缺乏计划造成拖拉。④惰性。有些事情、学习任务并不是很难，只要去做可能很快就可以完成，可他们就是不想动手，能拖一天是一天，能拖一会儿是一会儿，由于惰性造成拖拉。

针对造成自己拖拉习惯的具体原因，对症下药，加以克服。

一是立即动手。许多事情之所以拖拉下来往往在于该做时未做成。明代学者文嘉说：“今日复今日，今日何其少；今日又不为，此事何时了？”要克服拖拉习惯，遇事要立即动手，不要以为时间还充裕，把它搁置一边，也许以后很难再找到合适的机会去完成了。

二是知难而进。要克服拖拉习惯。则需要正视那些需要花时间和精力的学习和事情，要克服心理压力，知难而进地做好它。

三是坚持“晚算”。季米特洛夫曾经说过：“青年时谁在睡下时，不想想一天中学会了什么东西，他就没有前进。虽然日常工作很多，他们必须好好组织自己的工作，要找出时间来考虑一下一天中做了些什么，是正号还是负号？假如是正号，很好；假如是负号，那就要采取措施。”中学生朋友不妨每天坚持“晚算”，在临睡前检查一下自己做的事做完了没有，养成“事不过夜”“今日事今日毕”的好习惯。

四是要讲究方法。要克服拖拉习惯，还需要科学的方法作指导。如对于因缺乏计划造成拖拉习惯的中学生，可以采用把每天要完成的事和作业按轻重缓急列出单子，做完一件划掉一件，并尽量把重要的事情和作业早点做完。

名人名言集锦

世间的活动，缺点虽多，但仍是美好的。

——罗丹

自私自利之心，是立人达人之障。

——吕坤

如果我们想交朋友，就要先为别人做些事——那些需要花时间、体力、体贴、奉献才能做到的事。

——卡耐基

原谅敌人要比原谅朋友容易。

——狄尔治夫人

对人不尊敬，首先就是对自己的不尊敬。

——惠特曼

自我控制是最强者的本能。

——萧伯纳

要使别人喜欢你，首先你得改变对人的态度，把精神放得轻松一点，表情自然，笑容可掬，这样别人就会对你产生喜爱的感觉了。

——卡耐基

有谦和、愉快、诚恳的态度，而同时又加上忍耐精神的人，是非常幸运的。

——塞涅卡

先相信自己，然后别人才会相信你。

——罗曼·罗兰

好脾气是一个人在社交中所能穿着的最佳服饰。

——都德

自我防护篇

开班会的意义

现在中小学生的安全知识比较缺乏，特别是自我防护知识非常欠缺。我们应该让他们对地震、火灾、犯罪等现象有一定的了解，增长防护知识，学会一些基本的防护手段和提高防护的警惕性，这对于培养学生的自我防护意识和能力、健康成长有着重要意义。

本篇包括火灾自救、地震自救、卫生急救、日常安全、合法权益等自我防护内容，适合不同年龄的中小学生阅读、理解和遇到危险时运用，让学生在灾难发生时首先科学自救，然后可以互救。对社会上某些犯罪行为，也具有一定防护常识。学生还可以进行一些实践性的训练，掌握一定的本领以应对不测发生。

相关班会示例

面对突然发生的火灾怎么办

一、班会目的

通过现场情景表演，对同学进行自我防护，学会在危急情况下如何自救，从而增强自我防护意识。懂得要爱护自己的身心健康，必须学习各种自我防护知识，要有一定的自我防护技能。

二、班会方式

情景演练、现场点评与问答讨论相结合。

三、班会过程

1. 全班同学分成几个小组，模拟火灾发生现场，其余同学组成评委会，评价各组的得失好坏，综合评分选出本回合优胜者。

情景设计：（主持人现场解说）

楼房突然浓烟滚滚，睡梦中惊醒的同学连忙采取各种应急措施，有的打电话报警，有的寻找出口，有的把被子、衣服浸湿后蒙住口鼻或裹在身上，有的大声呼救，有的慌不择路往窗外跳……

小组分别表演：每个小组约五名同学，准备好所需道具，各自分工，扮演不同角色，齐心合力逃出险境。

评委会点评：哪个小组配合默契，行动合理有效，哪个小组混乱无序，耽误了时间，采取了怎样的错误举动。

2. 主持人由此生发开去，针对其他危险情况提问：

（1）发生地震应怎么办？（2）溺水了怎么办？（3）遇到“小霸王”应怎么办？（4）怎样安全上网？

小组讨论，推举代表阐述本组观点，评委会点评，得分记入小组总分。

3. 决出优胜小组，现场颁发荣誉证书（可自行设计）。

4 小结：面对生活中突发的险情，应该做到沉着冷静，采取正确有效、符合科学的行动，才能保证生命的安全。这就要求平时做生活的有心人，多学习、多积累面对火灾、地震、溺水、抢劫、突发疾病等危险情况的知识，注意保护个人的安全。这样，同学们才能茁壮健康地成长，为祖国建设做出应有的贡献。

灾害应对措施

火灾自救

发生火灾时迅速拨打火警电话119，报警时讲清详细地址、着火物资、火势大小、报警人姓名及电话号码，并派人到路口迎接消防车。如果室外着火，门已发烫时，千万不要开门，以防大火窜入室内，要用浸湿的被褥、衣物等堵塞门窗缝，并泼水降温。若火势越来越大，不能立即扑灭，人被围困，应尽快设法脱险。如果门窗、通道、楼梯已被烟火封住，确实没有可能向外冲时，可向头部、身上浇些冷水或用湿毛巾、湿被单将头部包好，用湿棉被、湿毯子将身体裹好，再冲出险区。如果浓烟太大，呛得透不过气来，可用口罩或毛巾捂住口鼻，身体尽量贴近地面行进或者爬行，穿过险区。

若楼梯已被烧断，通道已被堵死，应保持镇静，设法从别的安全地方转移。可按当时具体情况，采取以下几种方法脱离险区：一是可以从别的楼梯或室外消防梯走出险区。有些高层楼房设有消防梯，人们应熟悉通向消防梯的通道，着火后可迅速由消防梯的安全门下楼。二是住在比较低的楼层可以利用结实的绳索（如果找不到绳索，可将被褥里子、床单或结实的窗帘布等物撕成条，拧紧成绳），拴在牢固的窗框或床架上，然后沿绳缓缓爬下。三是如果被火困于二楼，可以先向楼外扔一些被褥作垫子，然后攀着窗口或阳台往下跳。这样可以缩短距离，更好地保证人身安全。如果被困于三楼以上，那就千万不要急于往下跳，因距离大，容易造成伤亡。四是可以转移到其他比较安全的房间、窗边或阳台上，用打手电筒、挥舞衣物、喊叫等方式向窗外发送求救信号，耐心等待消防人员救援。

在家中，若燃气罐着火，要用浸湿的被褥、衣物等捂盖灭火，并迅速关闭阀门。若油锅着火，不能泼水灭火，应关闭炉灶燃气阀门，直接盖上锅盖或用湿抹布覆盖，使火熄灭，还可向锅里放入切好的蔬菜冷却灭火。若家用电器或线路着火，要先切断电源，再用干粉或气体灭火器灭火，不可直接泼水灭火，以防触电或电器爆炸伤人。救火时不要贸然开门窗，以免空气对流，加速火势蔓延。家中一旦起火，不要惊慌失措，要利用家中备有的简易灭火器材，采取有效措施控制和扑救火灾。

地震自救

地震就是通常所说的地动，它与刮风下雨一样，是一种自然现象。它由于地球内部物质运动的结果，地球内部发生地震的地方叫震源，地面距震源最近的地方叫震中。

地震的大小和对地面影响程度可以用地震震级和地震烈度来衡量。震级表示地震时释放能量的大小，一次5级地震的能量相当于在花岗岩中爆炸一颗2万吨级黄色炸药（TNT）的原子弹的能量；烈度则表示地震对地面影响和破坏的程度，一次烈度为x度的地震，表示地面绝大多数一般房屋倒塌。

1. 大地震有前兆

地震，特别是强烈地震之前，总会出现一些异常现象，人们把与地震发生有密切联系的异常现象称之为地震的前兆。

地下水异常：

井水是个宝，前兆来得早，
天雨水质浑，天旱井水冒，
水位变化大，翻花冒气泡，
有的变颜色，有的变味道。

动物异常：

震前动物有预兆，密切监视最重要，
骡马牛羊不进圈，鸭不下水狗狂躁，
老鼠搬家往外逃，鸽子惊飞不回巢，
鱼儿惊慌水面跳，冰天雪地蛇出洞。

2. 地震时的求生方法

地震时，从地震发生到房屋倒

塌，一般有12秒钟的时间，此时要保持冷静，在12秒钟内要因地、因时地作出瞬间避险抉择。

（1）能撤离时，迅速有序地疏散到选定的安全地区。不要拥挤在楼梯、过道上，更不要盲目破窗跳楼。

（2）来不及撤离，应就近避震，震后再迅速撤离到安全地方。在家里，可躲在床、桌下面或跨度较小的房间，如卫生间等。在教室里，可躲在书桌下或墙角边。在影剧院，可躲在椅子下。

（3）撤到室外或正在室外的人员，要选择空旷地带避难。不要在高楼、烟囱、高压电线、狭窄巷道、桥梁、高架桥下等处停留。尽量远离加油站、煤气储气罐等有毒、有害、易燃、易爆的场所。

（4）避震时，要注意保护头部。用枕头顶在头上，用面盆顶在头上，用书包顶在头上，用双手护住头部。

3. 地震后的自救与互救

震区群众，尤其是家庭和邻里之间的自救和互救，是减少伤亡的有效手段。

（1）被埋压人员的自我求生法——自救

被埋压的人员要有信心和勇气，尽快清理压在身上的物体，脱离危险区。一时不能脱险的，要设法扩大安全空间，防止重物坠落压身。设法保持呼吸道畅通，防止灰尘造成窒息，可用毛巾、衣服等捂住口鼻。要保持体力，不要急躁，不要高声呼叫，可用敲击等方法与外界联系。积极寻找代用食品和水，创造生存条件，以延长生命。

（2）家庭和邻里之间的救助——互救

听仔细：注意倾听被困人员的呼喊、呻吟、敲物声。

挖得准：抢救时，要大致确定被困人员的位置，不要盲目乱挖乱扒，以防止意外伤亡。

救得法：救援必须讲究方法。要先易后难，先救强壮人员、医务人员，以增加帮手壮大抢救力量。首先使头部暴露，迅速清除口鼻内尘土，防止窒息。再暴露胸腹部以及其他部位，施行包扎或急救，及时转移到安全地方。不要强拉硬拖，防止新的伤亡。尽量用小型轻便工具，避免重物利器伤人。

卫生急救知识

1. 119救护车的紧急救护对象

因灾害或意外事故急待救护者；跌倒、伤病无法行动者；孕妇待产者；其他紧急伤病需紧急就医者。

2. 吃东西哽住的施救办法

先询问，协助拍打背部使异物咳出；实行腹部挤压（假如病人怀孕或过肥胖，则实施胸部压挤）；持续第二步骤之动作，直到异物排出或病人意识发生变化；如患病者无法站立，将患病者平放在坚固的平面上，跨坐在患病者大腿上双手交握，在肚脐上方用力推挤五次，再检查患病者有无将异物咳出；送医院求救；将舌头及下巴抓住抬高，然后用另一侧之手指消除口腔异物（不可盲目掏挖）；畅通呼吸道；如果呼吸道堵塞，则重复腹部挤压五次；重复五到七次动作，直至异物清除。

3. 呼吸道梗塞的急救要点

实行腹部挤压（假如病人怀孕或过于肥胖，则实施胸部挤压），如病人无法站立，将患病者平放在坚固的平面上，跨坐在患病者腿上做腹部推挤五次，再检查病患者有无将异物咳出；如用手指掏挖异物时，只在看得到异物才掏挖，不可盲目掏挖。

4. CPR（心肺急救术）的施行步骤

呼叫患者，评估意识；请人报警求救；人工呼吸；胸外按摩。

5. 单人 CPR 的施救方法

胸外按摩与人工呼吸的比率是15∶2；胸外按摩的速率是每分钟80～100 次；每做完 15 次心脏按摩后，给予患者人工呼吸 2 次。

6. 可以给予实施 CPR 的病人

实施 CPR 并无特定的疾病对象，任何人只要处于呼吸与心跳停止的状态之下，便需要 CPR 的急救处置，例如，溺水、心脏病发作或呼吸衰竭所引起的呼吸与心跳停止。

7. 不能在健康的人身上练习 CPR

对于一个有脉搏、有呼吸的正常人，绝对不能随意练习 CPR，因为会造成不必要的危险，如骨折、肝脾脏裂伤、心律不齐等等。

8. 一岁以下小孩的呼吸道梗塞急救

先拍背，将婴儿翻转，使面朝下，让婴儿趴在手臂上，以手掌抓住婴儿脸部，以掌根叩击两肩胛中间五次；将婴儿翻转成面朝上，于 CPR 位置用两指压，也是压五下；用小指掏挖异物时，只在看到异物才掏挖。

9. 出血处置

直接加压止血：用手（敷料）直接对伤口施以压力；间接压迫法，即压迫特定的“止血点”分别位于手臂上的肱动脉，及大腿上的股动脉。

10. 耳朵出血的处置

伤者以头倾向息侧躺下，使血液流出，不要用任何东西去塞住耳朵，血液流出后用消毒纱布擦掉；每隔10 分钟检查呼吸、脉搏及意识程度；若无呼吸心跳则马上进行人工心肺急救术。

11. 鼻出血的处置

头向前倾的姿势坐下，并宽松头部及胸部衣物；在鼻骨两侧冰敷；将鼻翼捏住止血；可在上唇内放置一块纱布，施予压迫帮忙控制出血。

12. 脸部出血的处置

不论大小伤口，宜采取直接加压止血法止血；虽是小伤口，必须送医院治疗，以免影响伤好后脸部容貌问题。

13. 颈部出血的位置

采取直接加压止血法，当可止血；每隔 10 分钟放松一次，看看是否止血；注意呼吸心跳若停止，则立刻施行心肺急救术，送医院治疗。

14. 胸部出血的处置（开放性伤口）

明显胸部外伤，不论伤口有否穿透胸部进入胸腔，采用直接加压止血法；勿将异物拔除；随时注意呼吸、脉搏及意识状态，若停止则马上施行人工心肺急救术；迅速送医院治疗。

15. 腹部出血的处置

直接加压止血；切勿将脱出之器官塞回腹腔，用生理食盐水保持湿润后立即送医院；不要将留在身上的穿刺物拔除。

16. 四肢创伤急救的处置：

直接加压止血、抬高止血；若有异物，不可随意排除；移动患者要非常谨慎，伤处不可过度移动。

17. 眼部的异物处置

可用生理食盐水由鼻侧向外侧冲洗，以免冲出来的异物进入另一只眼睛；若异物刺入眼球中，一定要由医师移除，不可随意拔除。

18. 扭伤的处置

立即让患部休息，不要过度移动患部；对患部施用冰敷以降低肿胀及疼痛；抬高患部；24 小时后对患部施以温湿敷。

19. 骨折的处置

不可随便移动患者；让患者保持最舒适的姿势；以原姿势固定骨折处送医院。

20. 脸面器官、断肢保护处置

以生理食盐水纱布裹住，整包放进塑料袋中，加以密封，再放入冰中与患者一起送往医院。如果器官并未完全掉落时，要把它摆回原来位置，不可以有旋转、压迫等情形，以避免血液循环中断而坏死。

21. 癫风抽搐发作时的处置

不要强制约束病人，应保护患者，避免受到外伤；勿硬塞任何东西让患者咬住；抽搐停止后，若无呼吸及心跳时，应实施人工呼吸与胸外按摩；清醒后，再决定是否送医院。

22. 晕昏的处置

让患者平躺于床上，将脚端抬高于头部，帮助血液注入脑部；宜松开一切紧身衣物和其他束缚；头部转向一侧，且在病人意识恢复之前不可让病人摄食。

23. 中暑的处置

将患者移到阴凉通风处，脱掉衣服，并使患者躺下；迅速降低体温，可以微湿的毛巾擦拭全身，再用风扇吹，以加强散热。

24. 中毒的处置

以大量清水或生理食盐水清洗去毒，受污染的衣物须除去；若服用了大量药物，须将相关瓶罐送往急诊处；意识不清，吞食腐蚀物质不可催吐。

25. 烧烫伤处置

冲、脱、泡、盖、送；衣服着火应立即灭火及脱去衣服，立刻卧倒打滚、冲水；要以干净的冷水冲洗 15 分钟以上，降低温度，避免烧伤继续进行，但要注意持续冲冷水可能造成失温；送医院治疗。

26. 化学烧伤的立即处置

应马上除去化学品并以大量的水冲洗 20 ~ 30 分钟，洗去化学物质并送医院治疗。

27. 溺水处置

尽快打开呼吸道，同时保护颈椎；检查呼吸与心跳，必要时施行心肺急救术；溺水者一旦开始自行呼吸，则将其姿势更换为复生姿势；保持溺水者身体的温暖；所有溺水者获救后都应送医院治疗。

28. 昆虫咬伤的处置

用水和肥皂清洗伤口；用冷敷以减少肿胀，不可直接冰敷。

29. 毒蛇咬伤的处置

保持冷静；包扎伤口使伤口低于心脏下方；记住毒蛇特征，以提供医师决定注射何种血清。

30. 一氧化碳中毒缺氧的处置

有煤气味时，立即关闭煤气开关，关闭电源；打开所有门窗，让新鲜空气流通；将昏迷者移至通风良好的安全场所；检查呼吸及脉搏，必要时进行 CPR。

面对“霸王”不卑不亢

校园是我们健康成长和努力学习的美好乐园。为什么校园里会发生暴力事件？认真调查分析一下，有以下几种情况：有的学生在家里是重点保护对象；有的家长脾气暴躁，并且经常在酗酒后打骂孩子；有的父母离异，从小失去家庭温暖。另外，随着年龄的增长，有些学生结成“团伙”，名为讲“义气”，实际专门欺负弱小或是他们看不顺眼的同学。

可见校园暴力多与某些学生的生活环境和所形成的不健康心理相联系，由于对家长、老师、同学不满，以盲目反抗情绪和攻击的态度对待别人；也有的孩子从小缺乏与同龄人的正常交往，不会与人和睦相处，养成了随便打人骂人的坏习惯。

面对校园小霸王，你可以试试下列方法：

（1）尽量不与小霸王们发生正面冲突，惹不起可以先躲开。

（2）如果对方过于强大，可以先把钱物给他们，然后报告老师和家长。

（3）在劫持者经常出没的地带，可以请警察出面干预。

（4）同学们上、下学时最好结伴一起走。

请你学会自我保护招数：校园暴力可以防，方法掌握要适当，求助师长来帮助，结伴走路有保障。

安全防护警语

幸福棵树，安全沃土。

时时注意安全，处处预防事故。

安全于警惕，事故出于麻痹。

祈求别人关爱，不如自保护。

老鼠爱打洞，事故爱钻空。

君行万里，一路平安。遵规守纪，防微杜渐。

行为准则篇

开班会的意义

良好的行为习惯是一个学生走向人生的必需，只有养成良好的行为习惯，才能树立正确的人生观、价值观、世界观、道德观，才能够使自己成为一个有道德的人、有修养的人、人格健全的人，才能够在未来的世界中为自己创造良好的竞争基础，为社会作出大的贡献。俗话说“没有规矩不成方圆”，只有成为一个有良好道德规范、遵纪守法、具有良好社会公德的人，才能赢得社会的尊重。

相关班会示例

示例 1　敬廉崇洁、诚信守法

一、班会目的

中学生传承着中华民族的希望，担负着建设未来的重任，无论他们今后从政、经商还是从事其他职业，都应该从根本上懂得“清正廉洁”的价值，在头脑中根植“清正廉洁”的理念，使“清正廉洁”成为其立身立业之基，使“敬廉崇洁”成为中华民族兴国安邦之源。通过这次主题活动，就是要使同学们从小就了解反腐倡廉的有关知识，树立“廉洁光荣，腐败可耻”的意识和反腐败斗争必胜的信心，培养正确、积极、健康的理想信念、道德观念、法制意识和社会责任，成为全面发展的中国特色社会主义事业的建设者和接班人。

二、班会形式

演讲、朗诵、讨论、辩论等

三、班会过程

1. 主持人：同学们，反腐倡廉对我们来说似乎还过早，但我们正处在人生观、道德观、价值观和世界观的形成阶段，最容易受外来不良思想的侵袭，及早进行廉洁教育，就如同提前为我们筑起一道“防腐墙”，让廉洁“植根”在我们的心田，让我们扬起敬廉崇洁之风，立下勤廉报国之志。

（在老师引导和两位同学的主持下，一场丰富多彩的主题班会开始了）

2. 同学们演讲由自己编写的廉洁小故事，感受古往今来高尚的思想，走进廉洁，走进崇高。

3. 在老师和主持人的引导下讨论身边发生的腐败现象，并让同学们踊跃发言，点评自身与他人，并提出如何改正自身，完善他人。如：大家就寒假的各种消费进行了讨论，分析了自己过年过程中的浪费现象和原因，进一步统一了思想，意识到节约的重要性，并准备在今后的生活和学习中注意节俭。

4. 朗诵同学们自己编写的诗歌。

5. 展开一场辩论会，两组同学为辩论双方，主题为“廉洁教育进校园好不好”。先由双方辩手阐述各方观点，再进行自由辩论。同学们辩论得很踊跃，大家各抒己见，例如，正方认为：中学生是生理和心理渐趋成熟的阶段，这个时候对其进行廉洁文化教育，就容易形成“先入为主”的效应，从而将防腐倡廉的因子根植在我们的意识中；反方认为：现在全社会都已经形成了反腐倡廉的良好氛围，其有益有效的正面效应，理所当然也会波及中学生身上，同时学校进行的素质教育也涵盖了倡廉的内容，在这种情形之下，学校再额外地进行倡廉教育岂不是多余之举；正方认为：在学校进行的素质教育中，的确有这方面的内容，只是没有单独地列出来形成系列和专项。现在学校通过“廉洁文化进校园”活动，就是整合历史上、现实中在廉洁方面有建树的人和事，对学生进行系统的教育，营造一种氛围。而且随着社会多元化的价值取向，学生中间存一些个别“小腐败”现象。

6. 响应“小手牵大手”行动，现场征集“敬廉崇洁”小标语，送给我们的老师和父母。如：“廉洁，从自身做起，让快乐永在；清正，从大家做起，让幸福长留”；“你拥有廉洁这个美德，请不要因为一时私心破坏它”；“廉洁在我心，我心将更美”等等。

7. 总结：同学们，今日之我们，明日之栋梁，就从现在开始，从一点一滴做起，让敬廉崇洁、诚信守法跟随我们，陪伴我们吧！让我们做一名敬廉崇洁的好学生。

示例2　好习惯，从小养成

一、班会目的

9月份是“养成教育规范月”，

学校把加强文明礼仪常规教育、行为习惯教育、培养学生10个良好的习惯为教育重点。通过这次班会使学生知道10个良好习惯是什么，让学生认识到自己身上存在哪些不良习惯，从而培养学生良好的文明习惯。

二、班会过程

1. 主持人宣布开会

我宣布以“好习惯，从小养成”为主题的班会现在开始。

2. 由班长或班主任带领同学们学习10个良好习惯内容

请大家和我一起学习这10个良好习惯：

（1）热爱祖国，升国旗奏国歌时自觉肃立；

（2）文明礼貌，微笑待人；

（3）学会尊重，耐心听他人说话；

（4）保护隐私，别人的东西不乱动；

（5）利人利己，用过的东西放到原处；

（6）诚实守信，说了就要努力做；

（7）待人友善，观看比赛文明喝彩；

（8）遵守规则，上下楼梯靠右行；

（9）勤奋自强，天天锻炼身体；

（10）环保卫生，干干净净迎接每一天。

3. 集体讨论

老师：刚才，同学们学得很认真，我们一定要把这10个良好的习惯牢牢记住。开学一个星期了，我发现在咱们班存在一些不文明现象，老师想在班会上提出来，我们大家进行一下小讨论。

问题1：上下楼站排速度慢，在排里随便说话。

问题2：课间不能做正当游戏，追逐打闹，尤其以男同学最为严重。

问题3：有的同学不太讲卫生。

针对老师刚才提出的问题，请同学们说说自己的想法。

学生1：我每天领排时，咱班总有些同学在排里乱动，我管他还不听，尤其是几个男同学表现的不好，我想对咱班的男同学说：“你们要认真站排，不要给班级扣分”。

老师：听了刚才同学的话，男同学们，谁想说点什么？

学生2：我在走廊和操场上站排的速度慢，还和前后的同学说话，我做得不好，今后我一定改掉坏毛病。

学生3：我在课间经常和同学追跑，还被陈老师抓到过，今后我一定不和同学追逐打闹了，课间和同学们做正当游戏。

老师：同学们，刚才都说出了自己的想法，大多数同学都认识到自己身上的缺点和毛病，也都决心要改掉自己的缺点，老师希望你们可以说到做到。今天每个人在回家之后都写一个小计划，谈谈新学期自己要怎样做。

4. 评选好习惯之星

（1）全班同学投票选出本月的好习惯之星。

（2）好习惯之星经验谈。

5. 班主任总结

同学们，你们今天的表现老师很满意，通过10个良好的习惯的学习，你们能清楚地认识到自己身上存在哪些不足，也都能在班会上为自己制定一个目标，下定决心改掉坏毛病，老师很为你们高兴。新的学期，是一个新的开始，老师希望你可以根据你定下的新目标，不断的努力，争取有更大的进步。

讨论话题参考

1. 在学校里，我们如何和老师交往？

2. 家庭中是否也要讲家庭礼仪，为什么？

3. 如何养成良好的学习习惯？

4. 如何做到合理有益的上网？

养成良好的行为习惯

从我们牙牙学语开始，爸爸妈妈以及长辈们就要告诉我们一些基本的礼仪常规。比如说孩子要有礼貌，不能够乱扔垃圾，坐要有坐相，站要有站相等等。当你第一天走进小学的课堂时，老师就要告诉小学生必须遵守的小学生守则等。有一个故事，曾经有一位钢琴教师在收学生时，问第一位孩子：“你原来学过什么？”“我什么都不会。”“好！你的学费是500元。”第二位学生说：“我已经学了一年的钢琴。”“好！你的学费是1000元。”家长不明白，问：“为什么我的孩子已经有一年的基础了，却要付双倍的学费？”那位老师很肯定地说：“是的。因为我要花双倍的时间来纠正他在那一年中养成的不良习惯和错误动作。”这则故事说明了一个非常重要而又浅显易懂的道理，良好的习惯带给你的是成功。乌申斯基有句名言，“良好的习惯是人在某种神经系统中存放的道德资本，这资本不断增值，而人在其整个一生中享受着它的利息。”这句话道出了良好道德习惯对于塑造性格的重要性。

某社会经济调查队最近对该市四所中学及两所小学的学生进行学习和生活情况调查后发现，社会不良风气对学生的污染有加速发展的倾向，追求金钱享受。4所中学的23名学生在接受抽查时，很多学生认为“只有钱才是真的，其他都是假的”。他们在家不愿干家务活，在学校亦不想参加劳动，但却比吃比穿。为了能有钱用，不少学生每次大小考试都要求家长奖励，少则20元，多则100元，甚至500元。

由此可见，行为习惯的养成虽不是教育的全部，但在教育中却占有极其重要的地位，是教育中最“实”的基础部分。教育的“质”的指标，抓好行为习惯的养成教育才能使学生成为表里如一、言行一致的人。

古人说：“一屋不扫，何以扫天下。”又曰：“勿以善小而不为，勿以恶小而为之。”培养学生良好的行为习惯必须要求学生从小事做起。许多中高年级学生背《规范》《守则》倒背如流，却随地吐痰，随手扔纸屑，许多孩子节假日走向街头巷尾学雷锋做好事，回到家里却饭来张口，衣来伸手。因此，学生的养成教育要达到“随风潜入夜，润物细无声”的佳境，需要从点滴的养成教育做起：见到垃圾随手捡起来，在楼道里要轻声慢步靠右行，见到教师要主动行礼问好，见到谁的自行车被风刮倒主动上前扶起来，见到班里的门窗桌椅坏了自觉自愿修好，上学衣服整齐，放学站路队……这些看似平平常常的小事，其实千里之行，始于足下，百尺高台起于垒土，质的飞跃量的积累，良好的道德素质都建立在种种良好的道德习惯之上。

做个遵纪守法的公民

青少年要养成遵守纪律的习惯

纪律是什么呢？纪律就是指一定社会组织要求人们遵守业已确定了的秩序、命令和履行自己职责的一种行为规则。纪律是青少年一个十分重要的学习内容，在青少年时代养成良好的纪律习惯，会使我们受益终身。它和每个人的学习、生活、工作有着十分密切的关系，良好的纪律意识可以帮助一个人在事业上取得成功，可以使自己摆脱生活工作的困境。一个学校如果有了良好的纪律就会产生良好的校风和学风。纪律的类型很多，大致有：政治纪律、组织纪律、群众纪律、劳动纪律、财经纪律、外事纪律、学校纪律、公共纪律、职业纪律、保密纪律、赛场纪律等。

由于青少年朋友对学校的守则、规范都已经比较熟悉，在这里我们只着重介绍社会公德方面的纪律。

公共纪律：公共纪律包含了集体活动纪律、交通规则、公共秩序等纪律。学生要成为一个有道德、守纪律、具有社会公德的人，必须牢记这些纪律。

（1）集体活动中的纪律。作为

学生无论在校内还是校外都要参加一定的集体活动，比如班会、学校运动会、少先队共青团活动等，其基本要求为：积极参加、服从命令、统一行动、友爱互助。应注意以下几个方面：①要求集合快、静、齐；②注意活动中的安全问题，不拥挤、不推攘、不开玩笑，要有序地参加活动；③活动完了以后，要有序地退场。

（2）公共秩序。公共秩序是一个合格的小公民必须遵守的纪律。在公共场合，由于人多杂乱，首先要讲礼貌，不说脏话粗话，不高声喧哗，不追逐打闹。其次，要相互体谅，外出排队上车、购物、购票。尊重老人，携老扶幼，主动关心残疾人。在电影院、图书馆、医院、音乐会等场所，要保持安静，以免影响别人。

（3）要遵守交通规则。①外出乘车要排队上车，互相谦让，避免拥挤，要主动给老人、小孩、残疾人让座。②骑车出门或上学，要遵守红灯停、绿灯行、不能搭人的交通规则，不和同学比赛车速、飙车或者骑在车上打狂，做出危险动作，从而引发交通事故。

青少年应该学法守法

首先，要学法才能够知法、懂法、用法；其次，学法才能培养社会主义的法律意识，才能够适应我国法制化建设，成为一个守法的公民。最后只有学法才能够守法。通过学习法律，明确什么是违法犯罪。一些青少年都是因为不懂法律知识而走上犯罪道路的。

因此，青少年朋友必须认真学法守法。在班会活动中可以专门组织学习《中华人民共和国未成年人保护法》《中华人民共和国预防未成年人犯罪法》《中华人民共和国义务教育法》等法律。

塑造良好的个人形象

人类的发展过程中，人类的活动总是受到这样那样的规范和制约，在这些社会规范里，除了道德规范和法律规范外，还有一个很重要的方面就是礼仪规范。人类对文明的仪风和悦人的仪态一直是孜孜追求的。它是人类文明的重要标志。在现代社会里，人们对礼仪的关注程度越来越高，个人的礼仪修养是一个现代文明社会中文明的体现，从中可以看出一个人的文明和教养的程度。良好的礼仪风范，出众的形象风采，是我们的自尊、尊人之本，更是我们的立足、立业之源。对青少年来说，在这个时期，学习良好礼仪，尤其重要。

中华民族自古以来就素有“礼仪之邦”的美称，很早就被作为典章制度和道德教化使用。礼在中华民族中的含义即仪表，又指礼节和仪式。在古代，人们就非常强调礼的学习。孔子传授弟子知识的时候，要教会弟子礼、乐、射、御、书、数，其中礼是第一位的。

从古而今，形成了一套严格的礼仪制度和不同的礼仪内容。我们在现代社会中要遵守以下的原则：①真诚尊重的原则；②平等适度的原则；③自信自律的原则；④诚信宽容的原则。

礼仪的内容十分的广泛，有个人礼仪修养、家庭礼仪修养、学校礼仪修养、社交礼仪修养等方面的内容。在这里我们着重谈一谈日常生活的礼仪常规。通过礼仪常规的学习来使自己成为一个有礼仪修养的人。

形体语言的使用

在人的五官四肢的使用上，如果使用恰当，各显神通，在社交礼仪场合往往会取得良好的效果。在人们的长期社会实践过程当中，都被赋予了相当的内涵。关于手势。手势被赋予了种种特定的意义，具有丰富的表现力，加上手有指、腕、肘、肩等关节，活动的幅度大，具有高度的灵活性，手势便成了人类表情达意的最有力的手段，在形体语言中占有重要的地位。手势主要有：①情绪手势。比如高兴的时候拍手称快，悲痛的时候捶打胸脯。②指示手势。比如在谈话之中，用手指着自己的胸口，意思是在讲自己的事情或者自己内心的感受，向对方指着某一个座位意思是告诉对方坐在哪个位置上。③模拟手势。比如可以用手比人的高低。④象征手势。比如在第二次世界大战期间，英国首相丘吉尔首相推广了一个象征胜利的“V”形手势。

最具魅力的表情——微笑

生理学家指出，人在微笑的时候面部有 13 块肌肉在运动，而人在皱眉头的时候，有 47 块肌肉在被使用。微笑是礼仪形象中最有魅力的表情。我国一家广告公司在一则广告中写道：

它不费什么，但产生很多；

它使得者受益，施者不损；

它发生在瞬间，但回味无穷；

没有富人不需要它，也没有穷人不拥有它；

它给佳人带来欢乐，给事业带来兴旺，给朋友带来愉快；

它使疲倦者得到休息，失望者见到光明，悲哀者看到希望，它是消除痛苦的天然良药；

它不能买，不能求，不能借，不能偷，因为人们在拥有它之前毫无价值。

当然，还有其他的一些表情，也在传递着信息。比如点头表示同意，低头表示屈服，撇嘴表示蔑视等。

服饰上的礼仪修养

服装是人类心灵的一面镜子，一位研究服装史的专家这样说过："一个人在穿衣服和装扮自己的时候，就是在填一张调查表，写上了自己的性别、年龄、民族、宗教信仰、职业、社会地位、经济条件、婚姻状况。"一个人的穿着打扮无时无刻不在展示你的审美情趣。那么如何在日常生活中穿出自我，体现出自己高雅的情趣和良好的形象呢？

首先，一定不要脱离自身的条件去盲目追逐时尚，模仿他人，否则，可能带来的不是美，反而弄巧成拙，失掉自我。

我们青少年的着装要适合自己的身份。在服装的配色、款式、佩饰等方面上要顺乎自然，表现年轻人的朝气和活力，切忌奇装异服。注意在不同的场合要选择合适的服装。

培养良好得体的社交口才

在社会生活中我们可能会扮演不同的角色，因此，需要培养良好得体的社交口才和学习好以下礼仪。

1. 拜访和接待。在拜访的时候，要做到三不：寒暄不可少，言谈不要散，体态语不要多。在接待的时候，要首先记住客人的姓名。要知人善谈，注意语速、音量和客人的身份。

2. 介绍和聊天。介绍时要给人良好的第一印象。如果你在生气的时候给人作自我介绍，一定会让人难堪。聊天的时候要善于把握时机、对方的心理、不同的场合、善于寻找话题等。

3. 交友。交友要加以选择，这是第一要素。在朋友之间交谈一定要直率坦诚，肝胆相照，要言而有信，相互尊重。

4. 赞美和批评。学会赞美，学会接受批评。古人曰："金无足赤，人无完人。"又说："良药苦口利于病，忠言逆耳利于行。"

5. 说服和拒绝。动之以情，晓之以理是最好的说服方法。要善于委婉地拒绝别人超出原则和自己能力的要求。

当然，在礼仪中要注意：社交礼仪的语言要适时、适量和适度，切忌玩笑过度，切忌随便发怒，切忌恶语伤人，切忌飞短流长和言而无信。

在班会活动中可以通过礼仪常规的活动来使自己成为一个有礼仪修养的人。

环保意识篇

开班会的意义

20 世纪，人类社会一方面取得了巨大的物质成就，另一方面也面临着空前的危机：人口膨胀、资源枯竭、环境恶化、粮食短缺……所有这一切，对人类的生存和发展构成了严重威胁。我们看到，由于毁林开荒，过度放牧，致使世界上许多地区的森林、草原遭到破坏，水土流失日益加剧，荒漠化不断扩展，自然灾害频繁发生。我们也看到，由于工业生产无止境地排放污染物，致使城市上空不再明净，河流湖泊不再清澈，污染事故接连发生，人民的身体健康和生命安全受到严重威胁。我们还看到，由于人类排放的二氧化碳等温室气体不断增多，已使地球的气温急剧升高，热浪酷暑接连出现。此外，臭氧层破坏、生物多样性减少、酸雨蔓延等环境问题的日益加重，也给人类的前景增添了暗淡的色彩。

人类既是他的环境的创造物，又是他的环境的塑造者，环境给予人类以维持生存的东西，并给他们提供了在智力、道德、社会和精神等方面获得发展的机会。保护和改善人类环境是关系到全世界各国人民的幸福和经济发展的重要问题，也是全世界各国人民的迫切希望和各国政府的责任。

相关班会示例

示例 1　人类共有的家园

一、班会目的

1. 在地球环境日趋恶劣的情况下，引导学生关注人类共有的生存环境——地球，使学生懂得保护生态环境，爱护人类资源的重要性。

2. 树立环保意识，提高环保实践能力，激发热爱共有家园的情感，增强环保责任感。

3. 在活动中培养学生的观察、表达、调查研究等综合实践能力。

二、班会地点

室内、室外皆可。

三、班会过程

1. 办一份小报：美丽家园

了解世界各地的自然风光和人文景观，剪贴美丽的自然风景图，以及我们的学校、家乡、祖国最新变化的图片，办一期“我们只有一个地球”的主题小报。激发对地球的热爱之情。

2. 表演一个小品：病态家园

以一种动物或某种自然现象的身份编演小品，表现人类典型的环境污染现象、环境污染对人体健康的危害以及未来的可怕场景。

3. 发一份倡议：拯救家园

查阅世界环境公约有哪些？治理污染有哪些方法？写一份保护环境的倡议书，讨论怎样做个“绿色小卫士”。

4. 争做绿色小卫士：未来家园

用实际行动来创设我们“未来的家”。比如：植一棵小树，少用一次性制品，与环卫工人一起清理校内校外垃圾，参加一次生态旅游等等。

结束语：人类“通过求生走向毁灭”。人类在创造辉煌物质财富的同时也引发了全球性的危机，21世纪，人类已经到了一个必须选择的关口，要么自取灭亡，要么学会与万物共存的合理生活。21世纪的人们必须来一次伟大的觉醒。21世纪，应该是人类理智看待自己行为的世纪，是人类与自然修好的世纪，是人类重新学会敬畏的世纪。为了我们自己，也为了后人谈论起我们时能够充满了尊敬。我们发表自律宣言——

我们要友好对待每一个物种，让每一种美丽生灵在地球上代代繁衍，生生不息。

我们要节约每一滴水，珍惜每一寸土地，合理使用每一种能源，让天空永远湛蓝，大海永远清澈，每一丝风都带来清新的气息。

我们要节制自己无限膨胀的欲求，杜绝奢华和虚荣，减少对环境的掠夺和破坏。

我们要尊重自然，尊重生命，爱惜美丽的家园！

示例2　让地球妈妈微笑

一、班会目的

结合环保主题“我们的地球——居住地——家园”召开“让地球妈妈微笑”主题班会，通过赞环境、忧环境、护环境等形式，激发学生爱环境的情感，并要求学生从我做起爱护环境，增强民族自豪感、自信心。

二、班会内容

主持人：同学们，地球是我们赖以生活的美丽家园，创建一个文明、洁净的环境，保护地球，爱护地球是我们的责任。今天这节班会课的主题是“让地球妈妈微笑”。先让我们来听一听地球的自述吧。

地球（学生扮）：我是地球，说圆不圆，说方不方，是一个椭圆形的球体。我的身上有海洋、森林、河流、山川、丘陵、平原。我的内脏中有煤炭、黄金、白银等各种矿产，我是一个生机勃勃的被绿色植物覆盖着的球体。

学生甲：我们祖国幅员辽阔，地大物博。有峰峦起伏的群山，有波涛汹涌的大海，祖国的山河美丽极了！我们的家乡景色优美，气候宜人。我们的学校，环境优美，是人才的摇篮。我们为拥有这样可爱的祖国、家园、学校而感到自豪。

学生乙：可是，随着世界人口的增长，人们对自然资源的不合理利用，造成了森林、草原、耕地的减少，生态的破坏、环境的污染，导致环境质量的恶化。大地在呻吟，河流奏悲歌。请听：大地、沙漠、海洋、森林的自述（学生分别饰大地、沙漠、海洋、森林）

大地：我是大地叔叔。水土流失，是当今人类面临的严重问题，虽然它不像洪水那样凶猛，也不如地震那样强烈，但是它却像癌细胞损害人的身体一样，我们中华大地水土流失惊人，流失面积达50万平方千米，这真是悲哀。再听听沙漠阿姨的话吧！

沙漠：我是沙漠阿姨，我们是出现在人类文明以后，人类是沙漠的制造者，对森林乱砍滥伐，是造成沙漠的主要原因。现在最大的沙漠，曾经是一片绿洲，只是由于环境破坏，才变成今天这种荒无人烟的情景。

森林：大家好，我是森林伯伯。人类开始于我们森林，是我们养育了人类，我们为人类提供了吃、穿、住，没有我们，也就没有人类。然而人类掌握了火以后，就向自己的老家进攻了，一棵棵参天大树倒下，动物们被吓跑了，鸟儿哀鸣，猴子嚎叫。

海洋：同学们好，我是海洋姐姐，我们蔚蓝色的海洋是人类的财富，但是今天的我们却被污染了，人们把石油和垃圾都倒在了我们身上，给我们海洋带来了难以愈合的创伤。

学生丙：下面让我们再来听一听我班小卫士所了解的情况吧。

学生1：一些工厂的大烟囱向天空喷吐着浓烟。

学生2：焚烧垃圾产生的废气、汽车废气不断排放，黑烟弥漫。

学生3：工业垃圾、生活垃圾堆

积成山，臭气难闻。

学生4：建筑工地尘土飞扬，空气异常混浊。

学生5：人类不断向江河、湖海排放污水，水质受到严重的污染，很多鱼儿死去了。

学生甲：所幸的是“爱护人类的家园”已成为全球人民的共同呼声，受到世界各国政府的重视。世界上越来越多的人投入到保护环境的行列中。同学们，你们知道“世界环境日”是每年的哪一天？（齐答：6月5日）

学生乙：环境保护已被公认，对人类有直接的重要性，关系到人类的生存，人们的环保意识逐渐提高，许多青少年纷纷投入到了抢救地球的活动。下面就请同学说说保护环境的事例吧。

为了让天空明净，河水清澈，让地球妈妈青春常在，请同学们为环境保护献一计。

学生献计。

学生1：小学应增设环保教育课。

学生2：我建议给有关部门写一封信，提出治理环境污染的建议。

学生3：我提议我们向社会发出一份“保护环境”的倡议书。

爱护地球母亲，要从小事做起，从我做起，从现在做起，请大家谈谈准备怎么做？

学生1：我要多看有关环保知识的书，用知识武装头脑。

学生2：劳动最光荣，我要用勤劳的双手美化我们的环境。

学生3：我从现在开始，要爱护花草树木，保护有益动物。

学生4：我从实际出发，不随地吐痰，不乱扔果皮纸屑。

学生5：购买商品时，购买绿色食品，少用一次性软包装盒的饮料。

学生6：积极参加治理环境的活动。

学生7：开展爱鸟周活动。

同学们，我们班中哪些同学在爱护地球、保护地球方面做得比较好呢？指名说一说。给这些同学颁发环保小卫士章。

最后班主任作总结讲话。

示例3　环保从我做起

一、班会目的

结合环保主题“我们的地球——居住地——家园”召开“环保从我做起”主题班会，通过赞环境、忧环境、护环境等形式，使同学们了解环境污染的现状，激发学生爱环境的情感，并激发他们以实际行动参与绿化，宣传环保活动，人人争做环保小卫士。

二、班会过程

1. 主持人讲话：同学们，地球是我们赖以生活的美丽家园，创建一个文明、洁净的环境，保护地球，爱护地球是我们的责任。今天这节班会课的主题是“环保从我做起”。同学们，地球上的资源为了生存很着急，那么我们人类更应该关注环保问题。

2. 情景表演《地球妈妈笑了》，从中感受一些比较突出和严重的环境污染。

主持人：下面让我们再来听一听我班环保小卫士所了解的情况吧。

学生1：一些工厂的大烟囱向天空喷吐着浓烟。

学生2：焚烧垃圾产生的废气、汽车废气不断排放，黑烟弥漫。

主持人：所幸的是“爱护人类的家园”已成为全球人民的共同呼声，受到世界各国的重视。世界上越来越多的人投入到保护环境的行列中。同学们，你知道“世界环境日”是每年的哪一天？为了保护环境许多同学纷纷投入到了抢救地球的活动。

3. 请同学从社会、学校、家庭等说说保护环境的事例。

主持人小结：正因为人们能自觉投身于保护环境的伟大事业中去，所以我们才能生活在天长蓝，水长碧，山长青的优美环境中。劳动最光荣，让我们用勤劳的双手美化我们的环境。

4. 歌舞表演。

5. 实践活动。

为了让天空明净，让地球妈妈青春常在，请同学们为环境保护献一计。讨论：

学生1：小学应增设环保教育课。

学生2：我建议给有关部门写一封信，提出治理环境污染的建议。

主持人：同学们的建议很好。但是爱护地球母亲，要从小事做起，从我做起，从现在做起，请大家谈谈准备怎么做？

学生1：我要多看有关环保知识的书，用知识武装头脑。

学生2：劳动最光荣，我要用勤劳的双手美化我们的环境。

在今后的日子里，同学们一定会说得到，做得到，是不是？那看谁首先争得环保章，怎么样？

6. 环保知识问答，让学生了解环保知识。

7. “环保小卫士”宣誓。

我宣誓：我将以实际行动做到

珍视天空，关爱大地；
抵制污染，植绿护绿；
珍爱生命，节约资源；
保护环境，保护自然；
绿色消费，绿色人生。

主持人：同学们，我们可以为环保做很多事情，我希望全体同学积极行动起来，让我们更多地了解环境污染与环保的重要，用我们的双手为地球增添新绿，请班长带领同学们宣誓。

8. 谈感受：主持人：今天的班会活动将要结束了，我想同学们一定收获很大，下面请同学们每人用一句话说一说这节课的感受。并动手设计环境保护的标语，并解说。

9. 散文朗诵，再次从中感受环保的重要性。

（男）：原以为你是那么宽广，不在乎带走一片阴凉。

（女）：原以为你是那么坚强，没想到你的眼泪在流淌。

（合）：地球，我们唯一的家园，让我们爱你到地久天长！地球，我们的母亲，让我们尽情沐浴你的阳光。

主持人：人类只有一个地球，为了共同的绿色世界，用我们的双手和智慧，让绿色家园更加美好，让我们小手拉小手，小手拉大手，从我做起，从现在做起，带动身边的人共同保护我们的地球。

10. 主持人宣布今天的班会活动结束。

讨论话题参考

1. 动物也糊涂：我是被谁吃掉的？（可以动物的口吻，陈述人类滥杀生灵的行为）

2. 地球，是谁让你如此绚烂？（可列举地球上种种美丽的自然现象和景观，展示大自然的美丽，激发热爱大自然的热情）

3. 如果文明被垃圾埋葬，人类将会怎样？（可由学生展开丰富的联想和想象，展示未来可怕的图画）

4. 我们究竟能为环保做什么？（可联系自身实际，畅谈自己为环保付诸实际的行动，培养为了环保、从点滴小事做起的习惯）

5. 什么是可持续发展？（把握可持续发展的概念、具体内容以及产生和具体实施过程）

6. 文明的兴衰给予我们怎样的教训和启迪？（“文明人跨越地球的表面，在他们足迹所及之处留下一片荒漠”。一部文明的兴衰史，实际上就是一部人类征服自然、盘剥自然并最终自食恶果的辛酸史。可列举人类文明的兴衰状况，分析兴衰的原因，从而警醒人类自己）

环保宣传用语集锦

让经济发展的浪潮进入绿色的河道。

与自然重建和谐，与地球重修旧好。

人类若不能与其他物种共存，便不能与这个星球共存。

人类只有一个可生息的村庄——地球，保护环境是每个地球村民的责任。

地球能满足人类的需要，但满足不了人类的贪婪。

幸福生活不只在于丰衣足食，也在于碧水蓝天。

除了足迹，我们什么也没有留下；除了摄影，我们什么也没有带走。

我们不要陶醉于我们对自然界的胜利，对于每一次这样的胜利，自然界都报复了我们。

用我们的双手栽下漫天的绿色，用我们的心灵守望五彩的家园。

爱山爱水爱林爱鸟爱人类，护天护地护花护草护环境。

绿色与生命时时相伴，环境与健康息息相关。

得到的不是永恒的拥有，失去的将永不会再来——保护环境人人有责。

艺术修养篇

开班会的意义

美育能促使人和谐地发展，培养正确的审美观和欣赏美的能力，丰富人的心灵和感受，把人引向道德净化和人格提升的境界，所谓“移风易俗，莫善于乐”。艺术美是美的集中表现形态，是审美教育的重要内容，它对提高学生欣赏和创造美的能力、培养进步的审美理想具有重要意义，因此，了解绘画、音乐、雕塑等艺术基本知识十分必要。

相关班会示例

美是什么

一、班会目的

通过形象的方式加深学生对自然美、社会美和艺术美的感受和理解，培养审美能力，体验美的存在，塑造美的心灵与美的人生。

二、班会方式

户外活动（利用春游、秋游时间，在自然环境中切身感受美的存在，和学生的歌唱、舞蹈、绘画、书法表演等艺术形式适当结合）或室内活动（运用多媒体手段丰富对美的感知）。

三、班会过程

1. 开场白

生活中，同学们都很爱美，追求美，那么，美到底是什么呢？名山大川的自然美景、优美动听的音乐、金碧辉煌的壁画、外表衣着的美丽，都能给人带来美感。我们应该怎样认识美，让美来陶冶我们的情操，丰富我们的人生，升华我们的灵魂呢？

先来欣赏一段画面：（室内多媒体或 VCD 展示）

（优美的九寨沟自然风光、悦耳的钢琴演奏声、舞台上独舞《雀之灵》的演员、时装表演、多姿多彩的敦煌壁画、笔走龙蛇的书法表演……）

2. 自由发言

我心目中的美有哪些表现？

同学们可各抒己见，从自然美、艺术美、社会美等不同角度自由讲述自己的看法。

3. 舞蹈、器乐、歌唱、话剧表演

①擅长各类艺术的同学进行表演，给大家形象直观的认识。

认识音乐美、舞蹈美、绘画等艺术美。

②《雷雨》片段或其他名剧片段。

认识文学美、人情美。戏剧是综合艺术，有利于从多角度分析。

4. 热点聚焦

①美的外貌与美的心灵哪个更为重要？美与善的关系是怎样的？

②怎样评价选美比赛？怎样看待明星崇拜？

从社会美的角度评价、思考。

5. 结束语

“生活中不是缺乏美，而是缺乏发现美的眼睛。”善于在生活中发现美、感受美，接受美的陶冶和熏陶，会使我们的人生更有境界和意义。“鸟美在羽毛，人美在心灵。”正确对待崇尚美、追求美的现象，注意把外在美与内在美结合起来。

用心写下你对美的体会和感受，点点滴滴汇集起来，将是一笔无比的财富，不断鼓励自己塑造美的心灵，美的人生。

绘画艺术欣赏

绘画的两大体系

1. 欧洲油画

油画艺术可以说是世界绘画艺术中最有影响的画种。油画是以油为调和剂，调和颜料在经过制作的不吸油的平面上描绘而成的绘画。其特点是颜料色彩丰富鲜艳，能够充分表现物体的质感、量感，能够传达物象所处空间的光线、色调和气氛，使描绘对象显得逼真可信，具有很强的艺术表现力。

2. 中国水墨画（中国画）

中国画是中国传统绘画的统称。从广义上说，中国画包括中国传统绘画的各种类别，通常所说的中国画是指以水为调和剂、以墨为主要颜料的一类，又称“水墨画”“彩墨画”。中国画表现出变化无穷的线条情趣，以墨代色则表现了中国画独具特色的丰富艺术表现力。

绘画的种类

绘画种类繁多，范围广泛。从体系上划分为东方绘画、西方绘画；从使用材料、工具和技法划分为中国画、油画、素描、版画、壁画、水彩、水粉画、粉笔画；从题材内容划分为肖像画、风景画、风俗画、静物画、历史画、宗教画、动物画等；从作品形式的不同划分为壁画、年画、连环画、宣传画、漫画等。

绘画的艺术语言

线条、形体、色彩、色调、动感、笔墨（笔触）。

油画与国画的区别

除了工具、材料、表现主题的一般区别外，概括地讲，中国绘画注重意境，西方绘画则强调形似；中国绘画重表现、重情感，西方绘画则重再现、重理性；中国绘画以线条作为主要造型手段，西方绘画则主要是由光和色来表现物象；中国绘画不受空间和时间的局限，西方绘画则严格遵守空间和时间的界限。总之，西方绘画注重再现与写实，同中国绘画注重表现与写意，形成鲜明差异。

绘画艺术欣赏方法

（1）了解作品的时代特征、作品产生的原因、背景，领悟作品的意蕴以及作品的结构、形式的特点，达到与作品在感情上的交流。

（2）注意积累文化史和艺术发展史的知识，力求把握绘画史的发展脉络，把握代表作品的特征，从而获得一些赏析绘画的标尺。

（3）多看和思考画作，并注意在生活中观察物体与景色，从而培养和提高对艺术形式的感觉，逐步具备对绘画艺术语言的感受力。

（4）尊重自我感受，尊重自己对画作的直觉，在画作面前驰骋自己的联想和想象，达到心旷神怡的最佳审美境界。

雕塑艺术欣赏

雕塑艺术有“凝固的舞蹈”之称。“雕”是“减”，以削、刻、凿等方法将不需要的部分去除，“塑”是“加”，将材料通过堆积、浇注、揉捏等方式塑造成为立体的形象。根据雕塑的艺术手法和制作方式的不同，雕塑一般分为圆雕、浮雕和透雕。雕塑的样式主要有头像、胸像、半身像、全身像和群像等。从雕塑的功用来说，主要分为纪念性雕塑、建筑装饰雕塑、城市园林雕塑等。

雕塑艺术的特点

1. 雕塑是三维空间的艺术，根本特点是立体造型。

2. 雕塑是“诗”，适于抒情，宜于象征，要求概括集中，以少胜多。

3. 雕塑立于通衢大道，带有“强迫性”，使人非看不可。

4. 雕塑既是古老的艺术，又是现代化的艺术。雕塑最常见的表现形式是圆雕和浮雕。

欣赏雕塑的方法

1. 雕塑艺术的体积

雕塑艺术是体积的艺术、体积的美、体积的感受，纸张也有三维，即长、宽、高，但没有体积的感觉。雕塑要用体积的语言、体积的分量、体积本身的美来感动人。让人感觉到体积的美，感觉到三维空间的美，也就是体积的感觉。雕塑有别于其他艺术的就是空间力量。

2. 雕塑艺术的韵律

任何雕塑都不仅仅是具体的人或具体事物的模仿，而更主要的是通过强有力的体积的感觉给人一种特殊的激励感、一种韵律、一种分量。欣赏要注意体积的互相转换、互相关系，形成某种特殊的韵律，这是雕塑的基本语言。

3. 雕塑艺术的影像

远远地、特别在夜光下，看到雕塑立体的基本轮廓，给人印象很深。大庭广众面前这样的雕像，特别在光线变化多时，细节一般不容易看到，而主要会被大的轮廓吸引或感动，这是给人产生深刻印象的突出的特点，所以雕塑很注重影像。

4. 雕塑艺术的主题

任何艺术都要有中心，有主次安排，关键的地方要明显地表现。绘画当中为了突出强调的部分，多用红色、白色等，就是素描也要用强烈的线条，明暗对比，来强调主要部分。雕塑不以颜色强调，而用体积组织雕塑的突出点。如米开朗琪罗《挣扎的奴隶》冲击力强劲的三角形体、埃及法老的头部、中国佛像手势的位置等均是如此。

音乐艺术欣赏

音乐艺术的特征

音乐以在时间上流动的音响为物质手段，表现人的审美感受，从而形成一定的“音乐形象”。音乐的物质手段是音响，它必须按照一定规律组合和运动才能构成“音乐语言”。“情动于中，故形于声，声成文，谓之音”。音乐语言的主要因素是音量、音色、拍子、节奏、和声、旋律等。音乐一般分为声乐和器乐两种基本形式。声乐用人的声音结合语调作为表现手段，成为歌唱艺术。器乐一般分为弦乐、管乐和打击乐等，它们除了作为声乐的伴奏，也是独立的音乐形式。器乐没有语言艺术因素，艺术境界更加广阔，电子乐器的大量产生扩大了器乐的表现能力。声乐或器乐都具有强烈的时代性，带有突出的民族色彩。

丰富的音乐色彩

听到一些柔和的音响，就似乎能看到嫩绿、浅蓝之类的柔和色彩，产生一种温暖的感觉；听到一些低沉、浑浊的音响时，就似乎能看到深黑、灰绿之类的暗淡色彩，产生一种阴冷的感觉。为什么音乐能引起我们除听觉外的其他各种感觉？为什么音乐能具有震撼人的内心世界的极其丰富的表现力？

这种奥妙来自于音乐通过“通感”和“比拟”这两座桥梁，把人的感觉心灵与大千世界紧密联系在一起。“通感”是指由于“条件反射”所形成的各种感觉相通的现象。由于“通感”人们才产生了领域广阔的“类比联想”。正是由于有了这种复杂微妙的联系，才产生了“绿肥红瘦”“红杏枝头春意闹”等美妙的诗句，才使得人们感觉到红色的热烈激动、绿色的安详宁静、橙色的温暖愉快，才使得人们在听音乐时，非听觉的感觉领域也随之兴奋，从而完成了对音乐形象的整体感受。

贝多芬在《第五（命运）交响曲》中用节奏性短促、和声式的“命运主题”来比拟“命运在敲门”，概括了黑暗势力对人们追求光明、追求幸福生活的挑衅、压迫和阻碍。二胡曲《空山鸟语》用轻快、跳跃的音调来表现空山鸟语，它还包含着活泼、清新的气氛，热爱大自然、热爱生活的情绪等。

其实，在音乐和颜色之间还有一个更重要的媒介——情感，或者说是心理反应。柔和的音调与柔和的色彩在人们心中引起的心理反应和情感是一样的。这就是格式塔心理学所说的，人的内心结构与外在自然中的形式（如声音、形象、色彩等）有一种同质同构、异质同构的对应关系。

所以，人们干脆就认为音乐本身也有丰富的色彩。有宏伟瑰丽的，有秀丽细腻的，有浓艳丰富的，有淡雅洁净的；有风格色彩、和声色彩、地方色彩和民族色彩等等。有趣的是，随着科学的进步，音乐与颜色的结合更加亲密也更加巧妙了。激光已荣耀地担任了音乐的伙伴，现代都市的娱乐场所、电视台、影视图案都运用了这一现代音乐手段。

如何欣赏音乐

音乐是一门古老而常新的艺术，它深刻而全面地影响着人们的精神状态和生活品质。几乎每个人都喜欢音乐，音乐在整个人类文化中的地位以及它所承担的文化使命是非常重要的。

音乐一般分为通俗流行音乐和庄重高雅的音乐。所谓高雅音乐，一般是指在历史上曾流行过的音乐作品，通过时间的筛选，保存下来的作品成为人类文化的经典。欧洲传统音乐有很悠久的历史，在 19 世纪前后达到了辉煌高峰。中国传统音乐是华夏文化的体现，特别强调创作的风骨与神貌，注重人与自然的交往，追求情感与伦理的结合，推崇艺术表现的蕴蓄委婉，关注艺术形象的协调、简约与适度。这种传统精神在音乐中呈现为内涵的深厚、表达的深刻和情境的深远。

如何进入纯粹音乐的艺术殿堂呢？在听音乐时，要感受音乐情绪，可以自由想象。倾听音乐首先要懂得音乐语言，旋律是音乐的灵魂，节奏是音乐的活力，音色是音乐的服饰，和声和复调是定型剂，调式体现乐曲的风格。了解这些音乐语言，有利于欣赏音乐，也是倾听音乐的基本条件。

倾听音乐还需把握音乐形象和音乐内涵。音乐形象是抽象的，带有浓厚的主观性，正因为这样，人在音乐中体会的精神自由是所有艺术中最大的。如人们在欣赏小提琴协奏曲《梁祝》时所产生的音乐形象，与观看戏曲中的梁山伯与祝英台的形象便有所不同。同时，欣赏者的世界观、生活经历、趣味、习惯、修养千差万别，这些都直接影响各人对音乐形象的把握。一部音乐作品，有它特定的内涵，表达特定的情感。欣赏音乐，必须多倾听多体会。

著名音乐家简介

1. 贝多芬（1770—1827）

贝多芬 1770 年 12 月 16 日生于德国莱茵河畔德小城波恩。贝多芬自幼便已显露出他的音乐天才，12 岁时，他已经能够自如地演奏，而且担任了管风琴师聂费的助手，13 岁贝多芬正式成为一名职业音乐家。他曾写道：“在艺术界里，如同在一切伟大的创造里一样，自由前进就是目标。”他的创作实现了这些誓言。创作出了许多不朽的篇章，实现了他的“通过苦难——走向欢乐；通过斗争——走向胜利”的理想。这集中地表现在他的《小提琴协奏曲》《第四钢琴协奏曲》《第五钢琴协奏曲》等作品里，特别是《第九交响曲》宣告了贝多芬的理想——全人类的团结友爱。他的九部交响曲可以比作一篇完整的大型交响叙事诗——描写英雄生活的长篇史诗，是世界文化遗产中重要的一部分。

2. 李斯特（1811—1886）

李斯特带给欧洲人的第一印象就是他已臻化境的钢琴技巧，后来更将才能发挥到各种事业上——既是指挥家，也是作曲家、批评家、作家、纨绔子弟、神父、教师、音乐家的表率，到最后更是“乐坛的大家长”。他的音乐思想着实慧黠，在音乐史上首屈一指。李斯特是企图让钢琴“管弦乐化”的第一人，不论在动感或色调上，都有显著的成绩。李斯特另一个贡献则是主题变化的观念。李斯特是制造旋律的圣手，他的音乐大胆而绚丽。他的作品栩栩如生，立意惊世骇俗。作品有《浮士德交响曲》《但丁交响曲》《死之舞》等。

3. 莫扎特（1756—1791）

莫扎特是一位杰出的奥地利作曲家，出身于一个宫廷乐师家里。他从少年时代就展现出杰出的音乐才能，一生作品极其丰富。他创作的最重要领域是歌剧，共 22 部，另一重要创作部分是交响乐，共 45 部。他的音乐创作既继承和发展了海顿等前辈的成果，又对后来的贝多芬等人的创作产生了重要影响。

莫扎特是公认的伟大的音乐天才。3 岁开始弹琴，6 岁开始作曲，8 岁写下了第一部交响乐，11 岁便完成了他的第一部歌剧，14 岁时指挥乐队演出了该歌剧。尽管莫扎特的一生充满坎坷和艰辛，但他的音乐始终给人带来的是真正的纯美。罗曼·罗兰为他作出了如下评价：“在莫扎特那里，音乐是生活和谐的表达。他的音乐，无论看起来如何，总是指向心灵而非智力，并且始终在表达情感或激情，但绝无令人不快或唐突的激情。”作品有歌剧《费加罗的婚礼》《唐·璜》《魔笛》，交响乐《降 E 调第 39 号交响曲》《帝王》，协奏曲《D 大调小提琴协奏曲第四号》《弦乐四重奏（狩猎）》等。

4. 肖邦（1810—1849）

伟大的波兰音乐家，自幼喜爱波兰民间音乐，7 岁写了《波兰舞曲》，8 岁登台演出，不满 12 岁已成为华沙公认的钢琴家和作曲家。后半生正值波兰亡国，在国外度过，创作了很多具有爱国主义思想的钢琴作品，以此抒发自己的思乡情、亡国恨。其中有与波兰民族解放斗争相联系的英雄性作品，如《第一叙事曲》《降 A 大调波兰舞曲》等；有充满爱国热情的战斗性作品，如《革命练习曲》《B 小调谐谑曲》等；有哀恸祖国命运的悲剧性作品，如《降 B 小调奏鸣曲》等；还有怀念祖国、思念亲人的幻想性作品，如不少夜曲与幻想曲。肖邦一生不离钢琴，所有创作几乎都是钢琴曲，被称为“钢琴诗人”。他在国外经常为同胞募捐演出，为贵族演出却很勉强。1837 年严词拒绝沙俄授予他的“俄国皇帝陛下首席钢琴家”的职位。舒曼称他的音乐像“藏在花丛中的一尊大炮”，向全世界宣告：“波兰不会亡。”晚年生活非常孤寂，痛苦地自称是“远离母亲的波兰孤儿”，临终嘱咐亲人把自己的心脏运回祖国。

5. 华彦钧（1893—1950）

阿炳，原名华彦钧，阿炳是他的小名。阿炳 20 多岁时，双眼相继失明，从此，人家便叫他瞎子阿炳。

他在黑暗、贫困中挣扎了几十年，他对痛苦生活的感受，通过他的音乐反映出来，没有因为生活艰难困苦而潦倒、庸俗，相反，他的音乐透露出一种来自人民底层的健康而深沉的气息。阿炳用他的生命凝成了《二泉映月》等不朽作品，阿炳共留下《二泉映月》《听松》《寒春风曲》等三首二胡作品和《大浪淘沙》《龙船》《昭君出塞》等三首琵琶作品。其中《二泉映月》获 20 世纪华人经典音乐作品奖，音乐委婉流畅，意境深邃，情调悲怆，表达了对辛酸现实生活的沉思，寄托了对生活的热爱和憧憬，具有强烈的感染力，流传甚广。

名人名言集锦

音乐教育除了非常注重道德和社会目的外，必须把美的东西作为自己的目的来探索，把人教育成美和善的。

——柏拉图

音乐是比一切智慧、一切哲学更高的启示。

——贝多芬

生活的苦难压不垮我。我心中的欢乐不是我自己的，我把欢乐注进音乐，为的是让全世界感到欢乐。

——莫扎特

雕刻无须独创，它需要的是生命。

——罗丹

色彩能够说出所有的语言。

——阿狄生

杰出的艺术家怀有的任何心思，都有本事透过一块大理石表现无遗。

——米开朗琪罗

美是艺术的最高原理，同时也是最高的目的。

——歌德

艺术是高尚情操的宣泄。

——穆尔

艺术是一种享受，一切享受中最迷人的享受。

——罗曼·罗兰

艺术的伟大意义，基本上在于它能显示人的真正感情、内心生活的奥秘和热情的世界。

——罗曼·罗兰

艺术的目的不是要去表现事物的外貌，而是要去表现事物的内在意义。

——亚里士多德

艺术在人们看了其作品并忘怀时，才会受到赞美，而且，这才是真实的艺术。

——莱辛

热爱科学篇

开班会的意义

新的世纪才刚刚开始，科学技术的进步又瞬息万变，高科技引领我们进入的未来究竟是什么样，我们谁也无法现在就准确地描述出来。然而，猜想和预测可以极大地激发人们的灵感和创造力，它正是科学产生的基础和前进的动力。正因如此，我们既希望能够通过本篇的阅读进一步开拓您的视野，激发您活跃的思维，在遨游神奇的高科技世界的同时，为您插上科学的想象翅膀，为即将到来的异彩纷呈、变幻莫测的世界充分做好心理上的、知识上的、精神上的准备，为献身科学树立远大的理想，成为新世纪的主人。

相关班会示例

在科技的天空翱翔

一、班会目的

激发学生学科学、爱科学的兴趣，引导学生在活动中动手动脑，培养创造意识。

二、班会准备

1. 给学生1～2周时间，广泛收集介绍古今中外科学家事迹及成材的书籍、报刊，重点收集科学家童年的故事，然后进行加工整理，在小组讲述、讨论、选择好的，向班委推荐，注意每个学生讲述的故事不要重复。

2. 让学生开动脑筋动手制作，内容包括三个方面：①变废为宝：如易拉罐制作电视天线、用旧布制作电动玩具等；②小设计：如多功能文具盒、天线航模遥控器、微型太阳能热水器等；③小“绝活”，如五分钟电脑制图、快修收音机等，并选出各组代表。

三、班会过程

1. “讲”。让学生讲述已被选出的科学家的故事。

2. “学”。以“向科学家学习什么”“科学家是怎样成材的”“我长大后干什么”等为题展开讨论，引导学生学习科学家为科学献身、不屈不挠、坚持到底的精神。

3. “做”。各小组依次上台，或表演“绝活”，或展示作品。

4. “想”。请每位同学用一句话谈自己感受最深的地方。

讨论话题参考

1. 你最崇拜的科学家是谁？（可以从爱国情感、科学态度和精神、人生信仰等方面思考）

2. 从他身上你学到了什么？（落实到自己的学习态度、品质、理想等方面）

3. 你对哪项科学技术最感兴趣？（从它给人们带来的作用、创造性、便捷性等方面考虑）

4. 你认为现在的科学技术还有待解决哪些问题？（可以提出你的困惑、梦想）

5. 你有什么新的想法？（可以大胆猜想、创新）

6. 我们能把人送上月球，却为什么造不出一部像样的电动汽车？（主要问题在于电池，而且要降低成本）

7. 基因疗法有前途吗？（基因疗法不仅仅用在输血或在头颅上钻孔，而且是用在制造能通过一般注射方法植入身体的病毒的疗程上）

8. 总有一天病毒会把我们全都杀死吗？（目前，我们对抗病毒最好的防御是使用能启动人体免疫系统的疫苗，同时病毒有两种武器使它成为我们最致命的敌人：突变和它们从一个病毒转移核酸到另一个病毒的能力）

耀眼的科技明星

两获诺贝尔奖的女科学家居里夫人

在世界科学史上，玛丽·居里是一个永远不朽的名字。这位伟大的女科学家，以自己的勤奋和天赋，在物理学和化学领域，都作出了杰出的贡献，并因此而成为唯一一位在两个不同学科领域、两次获得诺贝尔奖的著名科学家。爱因斯坦在评价居里夫人一生的时候说：

“她一生中最伟大的功绩——证明放射性元素的存在并把它们分离出来——所以能够取得，不仅仅是靠大胆的直觉，而且也靠着难以想象的和极端困难的情况下工作的热忱和顽强。这样的困难，在实验科学的历史中是罕见的。居里夫人的品德力量和热忱，哪怕只有一小部分存在于欧洲的知识分子中间，欧洲就会面临一个比较光明的未来。”

1895 年，居里夫人和比埃尔·居里结婚时，新房里只有两把椅子，正好两人各一把。比埃尔·居里觉得椅子太少，建议多添几把，以免客人来了没地方坐，居里夫人却说："有椅子是好的，可是，客人坐下来就不走啦。为了多一点时间搞研究，还是算了吧。"

从 1913 年起，居里夫人的年薪已增至 4 万法郎，但她照样"吝啬"。她每次从国外回来，总要带回一些宴会上的菜单，因为这些菜单都是很厚很好的纸片，在背面写字很方便。难怪有人说居里夫人一直到死都"像一个匆忙的贫穷妇人"。

有一次，一位美国记者寻访居里夫人，他走到村子里一座渔家房舍门前，向赤足坐在门口石板上的一位妇女打听居里夫人的住处，当这位妇女抬起头时，记者大吃一惊：原来她就是居里夫人。

居里夫人天下闻名，但她既不求名也不求利。她一生获得各种奖金 10 次，各种奖章 16 枚，各种名誉头衔 107 个，却全不在意。有一天，她的一位朋友来她家做客，看见她的小女儿正在玩英国皇家学会刚刚颁发给她的金质奖章，于是惊讶地说："居里夫人，得到一枚英国皇家学会的奖章，是极高的荣誉，你怎么能给孩子玩呢?"居里夫人笑了笑说："我是想让孩子从小就知道，荣誉就像玩具，只能玩玩而已，绝不能看得太重，否则就将一事无成。"

居里夫人有两个女儿。"把握智力发展的年龄优势"是居里夫人开发孩子智力的重要"诀窍"。早在女儿不足周岁的时候，居里夫人就引导孩子进行幼儿智力体操训练，引导孩子广泛接触陌生人，去动物园观赏动物，让孩子学游泳，欣赏大自然的美景。孩子稍大一些，她就教她们做一种带艺术色彩的智力体操，教她们唱儿歌、讲童话。再大一些，就让孩子进行智力训练，教她们识字、弹琴、搞手工制作等等，还教她们骑车、骑马。继居里夫人和她的丈夫获诺贝尔奖之后，由居里夫人培养成才的两个后辈也相继获得诺贝尔奖：长女伊伦娜，核物理学家，她与丈夫约里奥因发现人工放射物质而共同获得诺贝尔化学奖。次女艾芙，音乐家、传记作家，其丈夫曾以联合国儿童基金组织总干事的身份荣获 1956 年诺贝尔和平奖。

大发明家爱迪生

爱迪生是位举世闻名的美国电学家和发明家，他除了在留声机、电灯、电话、电报、电影等方面的发明和贡献以外，在矿业、建筑业、化工等领域也有不少著名的创造和真知灼见。爱迪生一生共有约 2000 项创造发明，为人类的文明和进步作出了巨大的贡献。

爱迪生于1847年2月11日诞生于美国中西部的俄亥俄州的米兰小市镇。爱迪生8岁上学，但仅仅读了三个月的书，就被老师斥为“低能儿”而撵出校门。从此以后，他的母亲是他的“家庭教师”。由于母亲的良好的教育方法，使得他对读书发生了浓厚的兴趣。

1863年，爱迪生担任大干线铁路斯特拉福特枢纽站电信报务员。1868年，爱迪生以报务员的身份来到了波士顿。同年，他获得了第一项发明专利权。这是一台自动记录投票数的装置。1869年10月他与波普一起成立了“波普—爱迪生公司”，专门经营电气工程的科学仪器。在这里，他发明了“爱迪生普用印刷机”。在纽瓦克，他做出了诸如蜡纸、油印机等的发明，从1872—1875年，爱迪生先后发明了二重、四重电报机，还协助别人制造了世界上第一架英文打字机。

1876年春天，爱迪生迁到了新泽西州的“门罗公园”。他在这里建造了第一所“发明工厂”，它“标志着集体研究的开端”。他还发明了他心爱的一个项目——留声机。电话和电报“是扩展人类感官功能的一次革命”；留声机是改变人们生活的三大发明之一，“从发明的想象力来看，这是他极为重大的发明成就”。到这个时候，人们都称他为“门罗公园的魔术师”。

1879年10月22日，爱迪生点燃了第一盏真正有广泛实用价值的电灯。为了延长灯丝的寿命，他大约试用了6000多种纤维材料，才找到了新的发光体——日本竹丝，可持续1000多小时，达到了耐用的目的。

他在纯科学上的第一个发现出现于1883年。试验电灯时，他观察到他称之为爱迪生效应的现象：在点亮的灯泡内有电荷从热灯丝经过空间到达冷板。爱迪生在1884年申请了这项发现的专利，别的科学家利用爱迪生效应发展了电子工业，尤其是无线电和电视。

爱迪生使用一条乔治伊斯曼新发明的赛璐珞胶片，拍下一系列照片，将它们迅速地、连续地放映到幕布上，产生出运动的幻觉。他第一次在实验室里试验电影是在1889年，1891年申请了专利。1903年，他的公司摄制了第一部故事片“列车抢劫”。爱迪生为电影业的组建和标准化做了大量工作。

1887年爱迪生把他的实验室迁往西奥兰治以后，创办了许多商业性公司；这些公司后来合并为通用电气公司。此后，他的兴趣又转到荧光学、矿石捣碎机、铁的磁离法、蓄电池和铁路信号装置上。第一次世界大战期间，他研制出鱼雷机械装置、喷火器和水底潜望镜。

1931 年 10 月 18 日，这位为人类作出过伟大贡献的科学家因病逝世，终年 84 岁。

爱迪生对人类巨大贡献的“秘诀”是什么呢？他除了有一颗好奇的心，一种亲自试验的本能，就是他具有超乎常人的艰苦工作的无穷精力和果敢精神。

宇宙之谜的探索者霍金

史蒂芬·霍金是英国理论物理学家。1942 年 1 月 8 日出生于英国的牛津，这是一个特殊的日子，现代科学的奠基人伽利略正是逝世于 300 年前的同一天。

霍金小时候的学习能力似乎并不强，他很晚才学会阅读，上学后在班级里的成绩从来没有进过前 10 名，而且因为作业总是“很不整洁”，老师们觉得他已经“无可救药”了，同学们也把他当成了嘲弄的对象。在霍金 12 岁时，他班上有两个男孩子用一袋糖果打赌，说他永远不能成才，同学们还带有讽刺意味地给他起了个外号叫“爱因斯坦”。谁知，20 多年后，当年毫不出众的小男孩真的成了物理界一位大师级人物。这究竟是什么原因呢？

原来，随着年龄渐长，小霍金对万事万物如何运行开始感兴趣起来，他经常把东西拆散以追根究底，但在把它们恢复组装回去时，他却束手无策，不过，他的父母并没有因此而责罚他，他的父亲甚至给他担任起数学和物理学“教练”。在十三四岁时，霍金发现自己对物理学方面的研究非常有兴趣，虽然中学物理学太容易太浅显，显得特别枯燥，但他认为这是最基础的科学，有望解决人们从何处来和为何在这里的问题。从此，霍金开始了真正的科学探索。

霍金 21 岁时被确诊患上了“卢伽雷氏症”，即运动神经细胞萎缩症。大夫对他说，他的身体会越来越不听使唤，只有心脏、肺和大脑还能运转，到最后，心和肺也会失效。霍金被“宣判”只剩两年的生命。

起初，这种病恶化得相当迅速。这对霍金的打击是可想而知的，他几乎放弃了一切学习和研究，因为他认为自己不可能活到完成硕士论文的那一天。然而，他还是以顽强的毅力奇迹般地活下来。

尽管霍金的病情渐渐加重。1970 年，在学术上声誉日隆的霍金已无法自己走动，他开始使用轮椅。直到今天，他再也没离开它。

虽然身体的残疾日益严重，霍金却力图像普通人一样生活，完成自己所能做的任何事情。他甚至是活泼好动的——这听来有点好笑，在他已经完全无法移动之后，他仍然坚持用唯一可以活动的手指驱动着轮椅在前往办公室的路上“横冲直撞”；在莫斯科的饭店中，他建议大家来跳舞，他在大厅里转动轮椅的身影真是一大奇景；当他与查尔斯王子会晤时，旋转自己的轮椅来炫耀，结果轧到了查尔斯王子的脚趾头。

1985 年，霍金动了一次穿气管手术，从此完全失去了说话的能力。他就是在这样的情况下，极其艰难地写出了著名的《时间简史》，探索着宇宙的起源。这本书在全世界的销量高达数千万册，从 1988 年出版以来一直雄踞畅销书榜，创下了畅销书的一个世界纪录。在这本书里，霍金力图以普通人能理解的方式来讲解黑洞、宇宙的起源和命运、黑洞和时间旅行等。

霍金的研究对象是宇宙，但他对观测天文从不感兴趣，只有几次用望远镜观测过。与传统的实验、观测等科学方法相比，霍金的方法是靠直觉。

“黑洞不黑”这一伟大成就就来源于一个闪念。在 1970 年 11 月的一个夜晚，霍金在慢慢爬上床时开始思考黑洞的问题。他突然意识到，黑洞应该是有温度的，这样它就会释放辐射。也就是说，黑洞其实并不那么黑。

这一闪念在经过 3 年的思考后形成了完整的理论。1973 年 11 月，霍金正式向世界宣布，黑洞不断地辐射出 X 光、伽马射线等，这就是有名的“霍金辐射”。而在此之前，人们认为黑洞只吞不吐。

从宇宙大爆炸的奇点到黑洞辐射机制，霍金对量子宇宙论的发展做出了杰出的贡献。霍金获得 1988 年的沃尔夫物理奖。

1991 年 3 月，霍金在一次坐轮椅回柏林公寓，过马路时被小汽车撞倒，左臂骨折，头被划破，缝了 13 针，但 48 小时后，他又回到办公室投入了工作。

辉煌的科学成果

纳米技术

纳米（1 纳米 = 10^{-9} 米）科技是在纳米尺度上，研究应用原子、分子现象及其结构信息的高新技术。它的最终目标是直接用原子、分子在纳米尺度上制造具有特定功能的产品。纳米不仅意味着一定的空间尺度，而且提供了一种全新的认识实践方式。1990 年 3 月，在美国召开的世界首次纳米科学技术会议上，正式宣布了纳米科技的诞生。

纳米化学及其他纳米科技的发展，离不开扫描隧道显微镜（STM）。

这一本领非凡的仪器于20世纪80年代初研制成功。

纳米科技的关键技术是借助STM直接操纵、移动原子和分子，目前这一技术已取得了重大突破。随着纳米科技的发展，人们已经能够直接利用原子、分子制备出包含几十个到几百万个原子的“纳米微粒”，并把它们排列成为三维的纳米固体。纳米固体有一般晶体材料和非晶体材料都不具备的优良特性，被誉为“21世纪最有前途的新型材料”。例如：

——合格的固体火箭推进粉剂是火箭发动机的生命。

这种燃料在燃烧时必须有极高的化学反应速率，因此其表面积要足够大，相应地，其颗粒应足够细。超微粉末表面积大、化学活性高，可作高效催化剂。例如，在固体火箭燃料中，以小于1%重量的超微铝粉或镍粉作添加剂，燃烧值可增加1倍左右。

——血液中的血球大于0.1um（微米），所以可以把有治疗或探测功能的某种材料做成小于0.01um的超微粒子注入血管内，使之随血液流到体内各个部位，进行更有效的治疗或健康检查。

许多滋补类的药品，如人参、鹿茸、天麻、当归等，如果制成超微粉体，不仅服用方便，而且有效成分的利用率可大大提高。

总之，由纳米科技手段制造出的这些超微粉体的奇异特性，很难用传统理论进行解释，其应用前景十分诱人。

纳米技术还能提供一种逐个原子组合成新物质的能力，这使人类有可能制造出新的智力生命或其他物种，也有可能使人类自身变成一种“超人”。

计算机技术

世界上第一台计算机是1946年由约翰·冯·诺依曼等人发明的，它采用电子管作元件。电子管元件在运行时产生的热量太多，可靠性较差，运算速度不快，价格昂贵。这台计算机有三间库房那么大，重量约30吨，消耗近150千瓦的电力。显然，这样的计算机成本很高，使用不便。

1956年，晶体管电子计算机诞生了，这是第二代电子计算机。晶体管开始被用来作计算机的元件。晶体管不仅能实现电子管的功能，又具有尺寸小、重量轻、寿命长、效率高、发热少、功耗低等优点。使用晶体管后，电子线路的结构大大改观，制造高速电子计算机就更容易实现了。

20世纪60年代，第三代集成电路计算机出现了。集成电路是做在晶片上的一个完整的电子电路，这个晶片比手指甲还小，却包含了几千个晶体管元件。1962 年 1 月，IBM 公司采用双极型集成电路，生产了 IBM360 系列计算机。一些小型计算机在程序设计技术方面形成了三个独立的系统：操作系统、编译系统和应用程序，总称为软件。值得一提的是，操作系统中“多道程序”和“分时系统”等概念的提出，结合计算机终端设备的广泛使用，使得用户可以在自己的办公室或家中使用远程计算机。第三代计算机的特点是体积更小、价格更低、可靠性更高、计算速度更快。

从 20 世纪 70 年代开始，这是计算机发展的最新阶段。到 1976 年，由大规模集成电路和超大规模集成电路制成的“克雷一号”，使计算机进入了第四代。超大规模集成电路的发明，使电子计算机不断向着小型化微型化、低功耗、智能化、系统化的方向更新换代。

世界上第一台个人计算机由 IBM 于 1980 年推出。IBM 推出以英特尔的 x86 的硬件架构及微软公司的 MS - DOS 操作系统的个人计算机，并制定以 PC/AT 为 PC 的规格。之后由英特尔所推出的微处理器以及微软所推出的操作系统发展几乎等同于个人计算机的发展历史。Wintel 架构全面取代了 IBM 在个人计算机主导的地位。

20 世纪 90 年代，计算机向“智能”方向发展，制造出与人脑相似的计算机，可以进行思维、学习、记忆、网络通信等工作。

进入 21 世纪，计算机更是笔记本化、微型化和专业化，每秒运算速度超过 100 万次，不但操作简易、价格便宜，而且可以代替人们的部分脑力劳动，甚至在某些方面扩展了人的智能，因此计算机又被称作电脑就更加恰如其分了。

人工智能

人工智能是一门新兴学科。它面向实用化仅有 10 多年的历史，主要研究用计算机模拟人类的某些智能行为，如感知推理、模式识别、景物分析、自然语言和理解等具有认识推理和思维能力的行为，它几乎涉足于社会科学和自然科学的每个领域，是一门综合性极强的边缘学科。其中最具代表性和最尖端的两个领域是专家系统和机器人。专家系统主要以计算机为主，收集存储专家所具有的处理问题的专门知识及经验，使用专家的推理而得出与专家相同的结论。专家系统不同于只是简单的存贮，而是专家推理的规则和知识。目前它以其准确性和经济性的优势，被广泛地用于地质学与勘探、化学结构研究、医疗诊断、遗传工程等领域。

而另一个分支是机器人学。自世界上第一台机器人于 1961 年在美国问世以来，各个国家相继而出的机器人真是五花八门，琳琅满目，但目前的机器人大致可以分为以下三类。

1. 重复型机器人。它能在重复性的操作中代替人去工作，如搬运材料和焊接等。一般也被称为工业机器人。

2. 操纵性机器人。它主要用于对人体有害或者人们难以接近的场所；或干一些难度大，且有危险的工作，如在海底、核动力工厂、地震灾区等场所工作。通常被我们称为遥控机器人。

3. 智能机器人。这类机器人安装了微型计算机，所以它能说会走，有视觉、听力、嗅觉、触觉，甚至有一定的“思考”能力。

超级向导 GPS

我们知道，很多动物都有迁徙的本能，令人惊奇的是，在迁徙过程中它们每每表现出一种近乎完美的导航能力，这一直是我们人类凭借多种手段也没能达到的。

终于，到 1994 年，美国布置完毕了 GPS 全球定位系统，人类才开始拥有了永不迷路的能力。GPS 是一种全新的高精度定位导航系统，它可以使用户在海上、陆地、空中乃至太空的同一三维空间内确定自己的位置，无论在星月无光的黑夜还是气候恶劣的地域！

GPS 系统是由空间、地面控制和用户接收三部分组成的，其中空间部分使用了 24 颗卫星（21 颗工作，3 颗备用），它们分布于距地面 2 万千米高空的 6 条不同平面的轨道上，为军事用户提供的导航数据，定位精度可以达到 15 米！地面控制部分有 5 个地面监控站，3 个上行数据注入站（向卫星注入数据）和一个主控站组成；用户接收部分就是一台导航接收机，有了它，你可以随时随地精确地知道自己在地球上的位置！

有了 GPS 系统，我们就永远不会迷路，海船能在大雾弥漫的港湾安全进出，飞机能准确地到达指定的目的地，装有 GPS 系统的导弹也可以极其准确地击中目标……

把 GPS 和电子地图结合在一起，地图就可以实现动态显示——随着 GPS 接收机地理位置的变化，电子地图上的信息也会相应变化，我们不但用不着担心走错路，而且还能选择捷径呢！

克隆技术

齐天大圣孙悟空有一项特殊的本领，拔根毫毛吹口气，就能变出和自己一模一样的孙猴子来，用今天的科学名词来讲就是——孙悟空可以“克隆”自己。

所谓“克隆”是英语Clone的音译，意思是无性繁殖。

克隆的方法很多，比如复制某个动物的下一代或者复制某个动物本身，当然，后者要难一些。不过，1996年7月，英国人做到了这一点，他们培育出了世界上第一只真正的克隆羊“多莉”。

克隆技术是一项了不起的发明，可以直接造福人类：利用克隆技术，可以挽救那些濒临灭绝的物种，比如大熊猫、东北虎；可以改良动物品种，节省人力物力；可以培育大量“基因动物”，并使它具有和人的基因相同的某些器官，用于人体器官移植。

但是克隆技术也可能给人类带来麻烦，比如克隆人是不是合适？你和你的克隆体是什么关系？父子？兄弟？再比如某人有了克隆的自己，他死了克隆人还活着，那么某人算是完全死了还是……看来，克隆技术如果不能很好地为人类掌握，会给我们带来很多问题。

如果想让更高级的科学技术为我们服务，我们也必须拥有更高级的智慧。

关于科学的名言

在科学上没有平坦的大道，只有不畏劳苦沿着陡峭山路攀登的人，才有希望达到光辉的顶点。

——马克思

发明家全靠一股了不起的信心支持，才有勇气在不可知的天地中前进。

——巴尔扎克

人只有献身社会，才能找出那实际上是短暂而有风险的生命的意义。

——爱因斯坦

对一个人来说，所期望的不是别的，而仅仅是他能全力以赴和献身于一种美好事业。

——爱因斯坦

人生最终的价值在于觉醒和思考的能力，而不只在于生存。

——亚里士多德

不惜牺牲自由以图苟安的人，既不配享受自由，也不配获得安全。

——富兰克林

如果你希望成功，就以恒心为良友，以经验为参谋，以谨慎为兄弟吧！

——爱迪生

古今中外，凡成就事业，对人类有所作为的，无 不是脚踏实地、艰苦攀登的结果。

——钱三强

我的原则是，不论对任何困难，都绝不屈服。一个人要想获得成功，必须具有坚定的信念、渊博的知识和坚强的毅力。

——居里夫人

手脑并用篇

开班会的意义

“人有两件宝，双手和大脑，双手会劳动，大脑会创造。”这首我们从小唱到大的儿歌，简单却深刻地告诉了我们不争的事实：人要会劳动会思考，手会越用越巧，脑子会越用越活。然而，我们的学生的确存在动手能力不足，创新意识不强的弱点。1992年在我国内蒙古乌兰察布盟举行的中日儿童草原探险夏令营活动引发了社会深深的思考，特别是日本人临走时扔下的那句话“你们这代孩子不是我们的对手”引起了国内各界的高度警觉。有人甚至坦言，如果从现在起我们对下一代的养育方式不进行一次根本性的变革，中国有可能在21世纪激烈的国际竞争中翻车落马，重新上演一出19世纪末20世纪初中国历史上曾经出现过的令人心碎的历史悲剧。

为什么我们的学生面临学业考试时得心应手，在奥林匹克竞赛中屡获大奖，但进入实践领域和创新领域就显得捉襟见肘了？为什么都已上初中高中了生活都还不能自理要父母陪读，甚至在大学中这样的例子也屡见不鲜？原因是多方面的。学校教育片面追求升学率，过分强调书本知识的掌握导致对学生动手动脑能力培养的忽视；父母望子成龙心切，替子女包办了学习以外的一切，使许多学生养成过分依赖的习惯，甚至连系鞋带也不会，这样的孩子一旦离开家庭，步出校门就会感到无所适从。因此，培养学生动手动脑能力是目前素质教育的当务之急，也是一项持久的任务。

相关班会示例

个人才能展示

一、班会目的

通过学生喜闻乐见的方式，培养

学生的创新意识和创新精神，让学生发掘、展示各自的才能，正确认识自我和评价自我。

二、班会准备

1. 服装表演。（学生自己的创意，都是生活装的再搭配，或者用纸、丝巾、鸡毛掸等能利用的东西进行装饰，采用反串或一反常态的打扮而达到令人耳目一新的舞台效果）

2. 制卡片，上面标明要求表演的项目。

3. 背景音乐。

4. 各类奖项的奖品和桂冠。

三、场地布置

整个教室布置成U型，着重装饰作为舞台背景的黑板以及灯光，尽量显示出欢快、喜庆的气氛。

四、班会过程

1. 音乐响起，服装表演（酝酿气氛）。

2. 主持人登场，巧妙介绍这次班会的形式、目的。

3. 模仿秀。模仿名人、明星或老师同学的姿态、语调、歌声等。

4. 经典小说或戏剧场面的现代版。参与者根据抽到卡片的要求进行改编，融入自己的表演。

5. 如此包装。按卡片的要求，对给定的人进行包装，要求人物的穿着打扮、台词、动作合乎给定的人物身份。

6. 个人特长展示。

7. 全班投票，评选出“最佳创意奖”“最佳模仿秀”“最佳表演奖”“最佳导演奖”。

8. 给获奖同学颁奖。主持人致词结束。

讨论话题参考

1. 有一个记者在德国和日本对中国小留学生进行了5个月的调查，又访问了20多个国家的驻华官员和教育官员后说，只能用8个字描述他的采访结果：“触目惊心，惨不忍睹。”他把这些有劣迹的小留学生称为“留学垃圾”。世界上最大的国际语言教学机构EF国际语言学校负责人菲利普先生认为，中国留学生比其他国家的学生更容易出问题，因为他们生活自理能力差，总是期待所有人包括寄宿家庭都能像国内的父母一样无微不至地照顾和呵护自己。

你同意以上评价中国小留学生的观点吗？如果是你，10岁开始就离开父母在国外生活能行吗？

2. 在美国的中国留学生学习成绩比一起学习的美国学生好得多，但10年后，科研成果却比人家少得多。你认为出现这种现象的原因何在？

3. 刚考进浙江大学的一名女学

生，在妈妈陪同下到学校报到注册，妈妈又为她挂上蚊帐，铺好床单，买好饭菜票。妈妈要走了，女儿拉着妈妈的手怎么也不肯放。做妈妈的千交代，万叮嘱，一百个不放心。果然，妈妈刚离校，麻烦事就来了。傍晚，女学生到学校的浴室去洗澡，等全身淋湿后，才突然想起没带洗涤用品和替换的衣服（平时都是由妈妈事先替她放置好的）。她既不知道怎么洗下去，又想不出擦干身子的办法，只好在浴室里嚎啕大哭。

你对这位女同学作何评价？假如你是这位女同学，经历了这件事后你会有什么样的改变？假如你是这位女同学的妈妈，你又会怎样做？

4. 在日本，全家外出旅游，无论多么小的孩子，都要无一例外背上一个背包。问为什么，家长说："这是他们自己的东西，应该由他们自己背。"

在美国，一些州立中学规定：学生必须不带分文，独立谋生一周方能予以毕业。家长对这一活动全力支持。

在瑞士，为了培养孩子自食其力的精神，孩子从初中毕业就送到有教养的人家去当一年佣人。

在德国，法律明文规定：孩子必须帮助父母做家务。这条法律已有100多年历史，至今不但有效，还规定得更详细：孩子们6岁前不承担家务；6—10岁要帮助父母洗餐具，收拾房间，到商店买东西；10—14岁要在花园里劳动，给全家人擦皮鞋；14—16岁要擦洗汽车，并在花园里翻地；16—18岁要完成每周一次房间大扫除。

你能接受发达国家教育孩子的方式吗？你认为父母为子女操办了一切究竟是爱孩子还是害了孩子？

形式灵活多样

（一）组织"故事大王"的表演活动

预先给学生布置任务，在课余收集有趣的故事和谜语，然后在班会进行表演。可以是个人的表演，也可以是几个同学的合作。

（二）开展"今天我当家""我是学校的小主人""巧手大比拼"等活动

通过游戏、表演、比赛的方式，了解和培养学生的基本动手能力，让学生养成自己的事情自己做的好习惯。

（三）小小发明家

其实生活中处处留心皆学问，例如眼镜放在口袋里，容易落地、打破，一位同学巧妙地把笔帽上的夹子移植到眼镜上来，这个问题就迎刃而解。一只手残疾的人拆不开信封，一位同学动脑筋做个小巧的压痕工具，改进信封结构，实用又方便。

（四）手工艺制作

一类是利用废旧物品搞小制作，变废为宝，如“易拉罐新造型——脸谱、太师椅”、“塑料插花”等。另一类是自我创新地构想制作，如《缝制小布袋》，让学生充分发挥想象，随意给一块布造型，随意装饰花纹和图案，随意搭配色彩和线条。学生独立操作之后，老师略加积极的点评，引导学生寻求最佳效果。

（五）组织郊游、登山、野餐等户外活动

学生自行整理带好随行所需物品，活动中要求学生自己的问题尽量自己解决，不麻烦他人。还可穿插竞赛、即兴文艺表演等节目，做到形式活泼多样，让学生多方受益满载而归。

（六）野炊等户外活动

这类活动能综合体现生活自理能力，也是较传统的学生乐于接受的活动方式。活动开展之前的准备一定要充分，包括地点的选择、男女生分组搭配、炊具的准备等，另外活动中要特别注意安全。

（七）“T”型舞台任你秀

内容主要包括服装设计、服装搭配展示以及自我造型设计、按要求包装他人等，也可以加上个人才艺表演，在动手塑造自我和展现自我中，展现自我的才能，对自我有准确的定位。设立“最佳创意奖”“时尚之星奖”“最佳造型奖”“最没创意奖”“最差造型奖”等等，在欣赏、审美的过程中挖掘创造的潜能和创新意识。

（八）我爱我“家”

开展美化教室、美化寝室的活动，让学生的脑袋转起来，心灵起来，手动起来，用自己的创意美化学习和生活的环境。

（九）再版“开心一百”

模拟像“开心一百”“幸运五十二”“银河之星大擂台”等同学们喜爱的电视经典节目形式，把娱乐身心、学习知识和动手动脑整齐合一。

（十）办报刊、杂志

包括撰稿、选择资料和图片及版面设计、打印、装订等步骤的操作。

1. 分班报、班刊，根据学生各自的爱好、特长分工，让学生各展其才。

2. 分组进行，5～10人一组，共同商定报刊的风格、内容，小组内分工操作。最后可评选出“最佳组织奖”“最佳报刊奖”“最佳杂志奖”。

3. 个人独办，充分尊重个体的兴趣爱好，由学生完全自主操作。最后评选可设立一等奖、二等奖、三等奖、优胜奖，给予奖励。对完成得不理想的同学要正确帮助分析原因加以改进。

（十一）设计班级网页

网页设计是时髦的新生事物，很容易调动积极性和创造性。根据班级同学各自的特长分成不同的小组，分别负责整体创意、形象设计、图片采集、文字编写、电脑操作、后期管理等，既发挥了个体的独特才能，又体现了班级的整体协作性，具有新颖性和挑战性。

（十二）话剧小品排演

这样的班会活动要预先安排，场地的布置、道具的准备都要经过细心策划。话剧、小品可以是模仿借鉴已有的经典之作，也可以是对捕捉到的生活中的场景加以创造性的发挥，自编自导自演一幕反映一定主题的话剧或小品。

中外名人故事

华佗发现麻沸散

华佗一次给一个喝醉酒的人做手术，手术很顺利地做完了，那人仍在酣睡之中。华佗想：如果能制出一种药，让病人喝下去也像醉了一样，动手术不就不会感到疼了吗？于是华佗处处留心药材，终于发现了一种中药麻醉剂——麻沸散。这是世界上最早的麻醉剂。

蔡伦发明纸

东汉时候用简、帛作为书写材料，不仅笨重昂贵，而且使用也不方便。蔡伦注意到这个问题，他利用担任尚方令的有利条件，领导工匠们用树皮、破麻布、旧渔网等煮沸捣烂制浆，造出一批质地优良的纸。蔡伦被历代造纸工匠尊奉为“纸神”。

第一台电视机

约翰·贝尔德对无线电很感兴趣，他想：既然无线电能传播声音，它也一定能传播图像。他凭着所学的知识，开始试着装第一台电视机。经过几个月的努力终于可以试机了，可一打开机器，只能从 3 米远的屏幕上看到一个模糊不清的“十”字图案。这时贝尔德已把钱全花光了，他只好把“电视机”搬到一家商店里展览，换回了 25 美元。朋友们闻讯给他寄了一些钱，他的研究在艰难的环境中进行着，终于在 1925 年成功地发明了电视机。

贝尔发明电话

那是 1875 年 6 月 2 日，贝尔和他的助手华生分别在两个房间里试验电报机，一个偶然发生的事故启发了贝尔。华生房间的电报机上有一个弹簧粘在磁铁上了，华生拉开弹簧时发生了震动。与此同时，贝尔惊奇地发现自己房间的电报机也震动起来，还发出了声音。贝尔的思路大开。他想：如果人对着一块磁铁说话，声音将引起铁片震动；若在铁片后面放上一块电磁铁的话，铁片的震动势必在电磁铁圈中产生时大时小的电流。这个波动电流沿电线传向远方，远处类似的装置上不就会发生同样的震动，发出同样的声音吗？贝尔和华生按新的设想制成了电话。

名人名言集锦

每个人都是天生的创造者，每个人在自己那一行各尽其力各尽其能，都应进行创作，把自己最美好的东西留给后人。

——万比洛夫

智慧是美的，因为是创造，而创造是美的，因为是智慧。

——阿卜杜拉·侯赛因

我们的生命虽然短暂而渺小，但是伟大的一切都是由人的手创造的。

——屠格涅夫

创造能力不是一种天生的才能。它是在实践的过程中锻炼出来的。

——拉先科

你可以自己选择，也可以自己创造。从明天开始，一切都可以改变，但你得行动起来，否则只是一纸空言。口头的许诺只是开始，远见只能代替结局的一半，另一半要靠人去做。

——巴士卡里雅

在我们做无关紧要的事时，更容易去试验一些新方法。因此，值得一提的事情是：许多发明是在游戏中诞生的。

——霍弗

所有科学的进步，就在于这好奇心。好奇心，就是趣。科学发明就是靠这个趣字而已。哥伦布发现新大陆，科学家发现声光电都是穷理至尽求知趣味使然的。

——林语堂

处处是创造天地，天天是创造之时，人人是创造之人。

——陶行知

拙劣的艺术家永远戴着别人的眼睛。

——罗曼·罗兰

点滴的创造不如整体的创造，但不要轻视点滴的创造而不为，呆望着大创造从天而降。

——陶行知

发明家和天才在他们的办法没有成功以前，人家总是说他异想天开。

——马克·吐温

思考是人类最大的乐趣之一。

——布莱希特

各类班会详细方案

庆元旦，新年新气象

一、班会目的

1. 让学生感受新年的欢乐气氛。

2. 通过活动使学生了解新年的各种习俗，用积极向上的态度迎接新年的到来。

3. 使学生在活动中得到锻炼，增进同学之间的友谊。

4. 通过主题活动师生共同联欢，以及孩子们的载歌载舞，表达自己对未来美好学习生活的憧憬。

二、班会准备

1. 布置教室，体现节日气氛。

2. 主持人做好准备。

3. 准备好活动器材和奖品。

三、班会过程

1. 各小队集队、报告人数。

2. 主持人甲乙：“庆元旦迎新年”主题班会现在开始。

甲：我们的心儿像怒放的花朵，荡起一片欢乐的海洋。元旦，是我们大家的节日，56 个民族的人们都在为它欢庆。

乙：让我们以最大的激情，唱起来吧；甩动双臂，舞起来吧。

全班齐唱《新年好》

3. 班主任致新年贺词：亲爱的同学们，新年就要来临了，你们又要长大一岁了。老师祝你们新年快乐，身体健康，学习进步。

4. 新年习俗知识小竞赛。

（1）你知道过年的来历吗？

（2）中国人过新年有哪些习俗？

（3）你还知道哪些国家是怎样过新年的？

5. 游戏：冲破封锁线。

（在教室中间拉很多绳子，然后选一些人让他们不能碰绳子穿过去，然后这些人的眼睛被蒙住，再把绳子去掉，接着就看这些人的精彩表演吧）

6. 报纸时装表演。

每组派三名代表，两个制作，一个当模特。看看哪一组的设计精美。

7. 乙：尽管，我们只是一棵幼苗，但我们骄傲地生活在爸爸妈妈的怀抱中。

甲：尽管我们只是一颗小星星，但我们幸福地闪亮在老师的身边。

乙：在这美好的节日中，让我们满怀感激之情地说一声：

合：谢谢爸爸妈妈，谢谢老师，祝福你们一生健康，新年快乐。

甲：请听歌曲《祝你平安》，掌声欢迎。

8. 游戏：猜猜看。

事先准备一些纸片，上面写好各种职业，或者体育运动。然后让每个人分别抽一个，不要让别人知道。然后分别表演，不能说话，让别人猜猜看是什么职业。人与人之间不能说话，只能靠动作表达意思。

乙：请听诗朗诵《新年的愿望》。

9. 游戏：踩气球。

一组出 2～3 个人，每只脚上都绑有气球，让他们一起出来互相踩，看到一定时间后哪个组的队员脚上剩的气球多。

10. 请欣赏小快板，由××等同学表演。

11. 词语接龙。

12. 展望未来的一切，我们更加珍惜美好的岁月。在这阳光灿烂无比欢乐的日子里，我们非常快乐。请欣赏××同学为我们带来的武术表演。

13. 贴鼻子游戏。

游戏规则用布蒙上眼睛，原地转两圈，摸鼻子，摸着奖励一颗泡泡糖，否则表演节目，大家说好吗？（游戏开始）

甲：尊敬的各位老师，亲爱的同学们！

合：我们今天非常开心，能在这辞旧迎新的日子里和老师同学欢聚一堂，在不知不觉中，我们将难忘的20XX 年送走，迎面走来的是崭新的20XX 年！回首这一年我们留下的串串足迹，每人都深感振奋。

14. 纸条送祝福。

最后，让我们在《新年好》的乐曲中互赠新年礼物，把美好的祝愿送给同学，各自以匿名方式写在纸条上交主持人，然后叫大家轮流抽取，并大声地念出祝福内容。

15. 班主任总结。

今天我们在一起迎接新年的到来。展望未来，憧憬未来，我们是多么的高兴和兴奋。老师祝大家年年有进步，天天有快乐。

16. 元旦主题班会到此结束！

清明节主题班会

一、班会目的

通过清明节祭扫烈士墓的形式，

使学生在缅怀革命先烈的丰功伟绩的基础上加深对“爱国”含义的理解；培养学生的公民意识以及对国家和民族所负有的历史责任感和使命感；增强学生为建设祖国、保卫先烈们打下的江山而努力学习、掌握本领的动力；促进学生努力去做一名社会主义“四有”公民、革命事业的接班人，同时意识到作为明天社会主义革命事业的捍卫者和建设者应具备较高的道德文明和科学文化素质。

二、活动地点

纪念碑或烈士纪念墓地。

三、活动准备

扫墓工具，摄像机及磁带，白花若干及两束鲜花，团旗 1 面，手持扬声器 2 把，演讲稿，宣誓誓词，故事稿，讲话稿，合唱歌曲。

四、活动过程

列队来到纪念碑（或墓地）前，面向纪念碑。

男女主持人走到队伍前致献词：

男：又是一个清明节，我们站在庄严肃穆的烈士纪念碑前。

女：天空为今天垂泪，松涛为今天呜咽。

男：为了祖国的解放和人民幸福美满的生活，有多少革命先烈长眠于地下。

女：历史不会忘记他们，共和国不会忘记他们，我们更不会忘记他们。

男：曾几何时，我们的祖先以先进的科学和灿烂的文化矗立在世界民族的峰巅。

女：而近百年黑暗与屈辱的历史，又将她推向深渊。

男：为了改变这一切，多少仁人志士在苦苦探索与奋斗中含恨而去。

女：烈士们用如火的鲜血点亮了中国的天。

男：今天，我们在这里以革命的名义想想过去。

女：以现代化建设飞速发展的现实来告慰英魂。

合：先烈们，你们安息吧！

（奏哀乐，全体默哀 3 分钟。）

男：松涛阵阵，那仿佛是先烈们发出了欣慰的微笑。先烈们，如果你们在天有灵，就请你们看一看你们的鲜血浇灌出的美丽的鲜花吧！

（合唱《五月的鲜花》，同时学生代表向烈士纪念碑敬献花束。）

女：历史刻在石头上的记录可以随时间的流逝而渐渐消失，但刻在人们头脑中的记忆却永远清晰。

男：有形的纪念碑可能会垮掉，但人们心里的纪念碑却永远屹立。

女：我们不会忘记，我们怎能忘记！

（同学讲述烈士的英雄事迹。）

男：前辈流血牺牲，仅仅是为了让我们拥有一片晴空，呼吸自由的空气，欣赏这美丽的鲜花吗？

女：不，他们希望的是受过深重灾难的祖国在我们的手中变得更加强盛、美丽。

男：如果说昨天我们还是不懂事的孩子，但今天我们要意识到我们肩上也担负了沉重的担子，因为，我们已18岁了。

（学生演讲《国家·民族·责任》）

女：18岁，像鲜花一般美好，像黄金一般珍贵。

男：18岁不单单是人生旅途的一个站点，更是一个转折点。

女：18岁我们的肩上将挑起建设祖国，保卫祖国的重担。

男：18岁我们的双手将托起21世纪希望的太阳。

女：历史将革命的接力棒传给了我们这一代人。

男：今天，我们以革命事业接班人的名义承诺。

合：请听我们的宣誓：我以一个中华人民共和国公民的名义面对国旗庄严宣誓：捍卫神圣宪法，维护法律尊严，履行公民义务，承担社会道义，国家昌盛为先，人民利益至上，热心公益，奉献社会，无愧祖国培育，勤勉自励，奋发有为，不负长辈厚望，以我壮志激情，创造崭新未来，以我火红青春，建设锦绣中华。

女：虽然我们已经成人，但我们的肩膀还是有些稚嫩。

男：我们还应像蜜蜂一样，在知识中汲取力量。

女：我们能有今天的成长，离不开老师和家长精心的培养。

男：下面请X领导讲话。（略）

女：孩子是祖国的希望，民族的希望，未来的希望，当然，也是家长的希望。下面我们请家长委员会代表讲话。（略）

男：先辈们，你们祈盼的幼鸟羽翼已日渐丰满。

女：我们将把重担挑上逐渐成熟的肩。

男：未来的社会需要我们建设。

女：21世纪在向我们召唤。

合：我们将用勤劳和智慧去开创明天。

男：我们要努力学习科学文化知识，去摘取科学王冠上的明珠。

女：我们要加强自己的公民意识，努力成为老一辈革命家所期望的“四有”新人。

男：让我们记住这庄严的时刻。

女：让我们记住这郑重的承诺。

合：我们要让先烈的鲜血染红的旗帜永远飘扬在祖国的蓝天！

（全体同学齐呼“以我热血青春，创造祖国美好明天”。）

男：请听共青团之歌——《光荣啊，中国共青团》。

清明节班会活动结束。

端午节主题班会

一、班会目的

1. 通过活动让学生了解端午节的来历及风俗习惯，培养学生的好奇心和求知欲。

2. 在了解端午节由来和风俗习惯时，锻炼学生通过各种渠道（书籍、报刊、网络、他人经验等）获取信息的能力。

3. 以游戏的形式体现端午的风俗，弘扬民族传统文化，烘托节日气氛，丰富校园文化生活。

二、班会准备

准备好活动用的布、针线、材料以及粽子和五彩线。

三、活动时间

农历五月初四。

四、班会过程

1. 开场白

主持人：又到一年粽飘香，你们是否对华夏传统节日——端午节有所期待呢？农历五月初五，是我国传统的端午节，又称端阳节。端午节是我国2000多年的旧习俗，早在周朝，就有“五月五日，蓄兰而沐”的习俗。每到这一天，家家户户都悬钟馗像，挂艾叶菖蒲、赛龙舟、吃粽子、饮雄黄酒等，今天，老师和大家在这里共度佳节。

2. 了解民族文化

主持人：你们知道端午节是怎么来的吗？关于端午节有哪些传说？

学生：爱国诗人屈原因为担忧国家兴衰，愤而抱石头投汨罗江自尽，从而感动天下百姓，百姓为怕鱼儿吃掉屈原尸体，于是用竹叶包成肉粽投入江中，这就是端午吃粽子的由来。

学生：而赛龙舟据说是希望找到屈原的尸体。

学生：吃粽子、撮五彩线戴。

3. 游戏活动

（1）吃粽子比赛

主持人：我们先来猜个谜语：三角四楞长，珍珠肚里藏，要吃珍珠肉，解带扒衣裳。（谜底：粽子）

主持人：下面我们就来个吃粽子比赛，怎么样？（主持人讲规则）

参赛者以四人为一组，蒙好双眼，待主持人宣布“开始”后，各参赛选手在原地转5圈，然后找到自己的粽子，以最快的速度解开包装吃完粽子，当完全咽下后举手示意，由小组长检查无误后示意主持人宣布比赛结束。为完成游戏时间最短的获胜选手鼓掌。

主持人：从大家刚才的表现，可

以看到同学们已感受到了过节的快乐。

（2）缝香包

先由主持人讲解缝香包的要领和针法，然后同桌两人一组，主持人宣布“开始”后，再动手，同桌可以互相帮助。时间为15分钟。比赛结束后，由班干部推选出5个制作的精美的香包，制作人各自佩戴自己的作品一块合影留念。

（3）撮五彩线

还是同桌两人合作，各自把自己准备好的五彩线拿出来，待主持人喊“开始”，自己动手开始撮，限时3分钟。完了之后，把自己的成果戴到手上，举手示意成功。

4. 反思与拓展

这次活动，通过师生讨论交流、游戏活动、展示作品，使学生在活动中充分展示自己的劳动成果与价值，了解端午节的来历及风俗习惯，培养了学生的合作意识与动手能力。

端午节是我国传统节日，有着悠久的历史和丰富的习俗。可是，韩国已经提前申请了端午节为东南亚文化遗产保护，这可给了我们极大的警示：我们应该热爱我们的传统文化习俗，让它们代代相传！

重阳节主题班会

一、班会目的

1. 了解中华民族的风俗文化，养成尊老敬老的好习惯。

2. 随着中国进入老龄化社会的速度加快，让学生从小就认识到尊敬老人、爱护老人是中华民族的传统美德，更是我们未来一代的责任和使命。

3. 老人的人生经验是丰富的，人类正是靠着有经验的老人毫无保留地将金子一样珍贵的智慧传给一代又一代，才能得以延续、发展和壮大。让学生充分认识到“老马识途”的道理。

二、班会过程

1. 一名男孩身着唐装，在高声朗诵中上场：独在异乡为异客，每逢佳节倍思亲。遥知兄弟登高处，遍插茱萸少一人。

男孩提问：同学们，你们知道我是谁吗？

同学甲：我知道，你是唐朝的著名诗人王维，你朗诵的这首诗叫《九月九日忆山东兄弟》，是重阳节的时候作的，对吗？

同学乙：我还知道，那年你只有17岁，正在长安赶考。看到人们都那么高兴地和家人一起欢度重阳节，你在长安感到非常孤独，思念远在蒲州的亲人，才写下了这首诗。

2. “王维”显得非常高兴：同学们，你们说得真好！我们中华民族从古至今有着非常多的良风美俗，如端午节吃粽子、赛龙舟是为了纪念我们伟大的爱国诗人屈原，清明节百姓扫墓祭祖、植树造林、禁止烟火，官员励精图治、勤政清明，以此告慰割肉奉君的介子推的一片孝心。那么你知道重阳节的来历吗？

大家纷纷开始讨论。

同学丙：我们还是听X老师说说，好吗？

老师：同学们，也许你很早就通过王维的诗句知道了重阳节，今天我再向你们详细介绍一下我们古老的节日重阳节，好吗？

播放幻灯片。

老师：农历九月九日，为传统的重阳节。重阳节又称为“双九节”、“老人节”。因为古老的《易经》中把“六”定为阴数，把“九”定为阳数，九月九日，日月并阳，两九相重，故而叫重阳，也叫重九，古人认为是个值得庆贺的吉利日子，并且从很早就开始过此节日。庆祝重阳节的活动丰富多彩，一般包括出游赏景、登高远眺、观赏菊花、遍插茱萸、吃重阳糕、饮菊花酒等活动。九九重阳，因为与“久久”同音，九在数字中又是最大数，有长久长寿的含义，况且秋季也是一年收获的黄金季节，重阳佳节，寓意深远，人们对此节历来有着特殊的感情，唐诗宋词中有不少贺重阳，咏菊花的诗词佳作。

重阳节早在战国时期就已经形成，到了唐代，重阳被正式定为民间的节日，此后历朝历代沿袭至今，已经有2500多年了。

在民俗观念中，九九重阳，因为与“久久”同音，包含有生命长久、健康长寿的寓意。

1989年，我国把每年的农历九月九日定为老人节，倡导全社会树立尊老、敬老、爱老、助老的风气，重阳节又多了一层新含意。

同学们，通过你们搜集的资料，谁能在老师的基础上再介绍一下重阳节？

3. 同学介绍重阳节。

同学丁：重阳节有登高的习俗，金秋九月，天高气爽，这个季节登高远望可达到心旷神怡、健身祛病的目的。

同学戊：登高的“高”和重阳糕的“糕”谐音，作为节日食品，最早是庆祝秋粮丰收，喜尝新粮的用意，以后民间才有了登高吃糕，取步步高的吉祥之意。

同学己：重阳日，历来就有赏菊花的风俗，所以古来又称菊花节。农历九月俗称菊月，节日举办菊花大会，倾城的人潮赴会赏菊。从三国魏晋以来，重阳聚会饮酒、赏菊赋诗已成时尚。在汉族古俗中，菊花象征长寿。

同学庚：古代还风行九九插茱萸

的习俗，所以又叫做茱萸节。茱萸入药，可制酒养身祛病。

同学辛：还有好多诗人为重阳节作诗呢！像孟浩然的《过故人庄》中就有两句：开轩面场圃，把酒话桑麻。待到重阳日，还来就菊花。他喝的应该就是重阳节的菊花酒吧。

同学壬：还有一句“三载重阳菊，开时不在家”，可能是作者三年没有回家了。

同学癸：毛主席还有《采桑子·重阳》：人生易老天难老，岁岁重阳，今又重阳，战地黄花分外香。

老师：还有四句。一年一度秋风劲，不似春光，胜似春光，寥廓江天万里霜。宋朝的李清照还有一首《醉花阴》表达的是和王维一样在重阳节当日感到寂寞与孤独的情感。薄雾浓云愁永昼，瑞脑销金兽。佳节又重阳，玉枕纱橱，半夜凉初透。东篱把酒黄昏后，有暗香盈袖。莫道不销魂，帘卷西风，人比黄花瘦！

男孩：重阳节更有生命长久、健康长寿的寓意，中国的老人们越来越多，我们同学还要从古人的身上学习孝敬老人、关心老人、帮助老人的优良传统，在重阳节这天，可以带着爷爷奶奶、姥姥姥爷一起登山远眺，锻炼身体。

女孩：还可以跟着他们一起去公园欣赏美丽的菊花。

同学：不光要孝敬我们的亲人，邻居的爷爷奶奶需要我们帮助时也要好好对待他们。

同学：上车给老人让座，也是一种美德。

老师：我们中国一直以来都是一个尊老敬老的国家，从古至今有许多孝子的故事世代流传，黄香温席、闻雷泣墓等都为我们作出了典范。老人不但哺育了我们成长，更是人类智慧的保有者，老人的人生经验是丰富的，人类正是靠着有经验的老人毫无保留地将金子一样珍贵的智慧传给一代又一代，才能得以延续、发展和壮大。每个人都会经历天真烂漫的童年，朝气蓬勃的青年，成熟稳重的壮年，和白发苍苍的老年，所以孟子说：“老吾老以及人之老，幼吾幼以及人之幼。”在我们咿呀学步的时候，老人为我们付出了毕生的精力，我们唯有孝顺他们、关爱他们才能报答他们的恩情。更多的老人虽然身体已经不再健壮，但是精神一样矍铄，感情一样丰富，只要我们用心，他们一定会有快乐、幸福的晚年。

4. 播放“夕阳红”歌曲，全班跟唱。

做一名合格的中学生

一、班会目的

1. 通过主题班会，使学生认识

到怎样做才算是一名合格的中学生，并且能够以中学生的标准严格要求自己。

2. 展示中学生的学习和生活。

3. 培养学生的团队意识和集体荣誉感。

二、班会准备

星期一辅导员把这次班会的主题交给学习委员，由学习委员统筹安排，写好主持人对白；星期二、三物色主持人，商议活动的过程。星期四通知表演节目的同学放学后留下来排练。

三、班会过程

1. 唱《中国少年先锋队队歌》。

2. 开场白：

我们的祖国需要一代又一代的有思想、有文化、有道德、有纪律的接班人来建设，现如今如果我们连一名合格的中学生也难以做好，那又怎能成为国家的栋梁呢？所以如果我们要做一名合格的中学生，首先应该学会做人。我国的古人说过："不以规矩，不能方圆。"人也一样，得有做人的一套"规矩"。讲到这儿，我有几个问题想问问大家：（可以就学生守则向学生提问，请学生回答）

3. 请学生上台讲演。

4. 做游戏或表演小品。

5. 讲故事。

6. 让同学们就"怎样做一个合格的中学生"进行讨论。

7. 主持人总结发言。

走近父母，加强沟通

一、班会目的

通过这次主题班会，学生能够体谅父母，能缩短与父母的心理距离，学会如何与父母沟通，真正走近父母。

二、班会过程

1. 调查问卷

发一纸条，调查学生与自己父母的关系，不需写名字，请真实填写。

A 亲密　B 比较紧张　C 疏远和一般

填完马上收齐，统计。

根据课前统计情况，导入：

是谁，把我们带到这美丽的世界？是谁，呵护我们、保护我们、照顾我们？是我们的父母！可是，现在你是否觉得父母和你们的距离已经慢慢地拉大。你和父母是否已经没有了亲密感？今天，就让我们来学习如何走近父母。

2. 出示图片

A 不顾父母劝阻，长时间上网，荒废功课。

B 放学迟迟不愿回家，贪玩。

C 经常"煲电话粥"。

除了以上情况？你是否还会不愿与父母外出，或长时间看电视，或与父母争吵等情况？

请同学讲讲与父母还有哪些地方关系紧张？

如果你有以上情况，父母会如何惩罚自己？请同学们讲讲并说说被惩罚后的感受。

被父母惩罚，责骂，或者打，你会觉得父母很不近人情。那让我们站在父母的角度上看看——

请一个同学朗读毕淑敏的《孩子，我为什么打你》。

是的，打与不打都是爱，那被打事件中，你又有没有做错？请曾经被父母惩罚过的同学，说说自己做错了什么？

3. 小组活动

写一写，算一算父母每一天要为家庭做多少事，付出多少时间？

想一想，父母容不容易？你有没有分担父母的艰辛？

议一议，对自己父母不满意的同学，说一说你认为谁的父母最理想？

说一说，拥有“最理想父母”的同学说说自己父母的不是。

谈一谈，可以调换父母吗？

4. 怎么与父母交流

既然父母不能调换，我们就一定要包涵、接纳自己的父母，并尽量和父母多一点交流。那我们该怎么和父母交流呢？

(1) 老师说说自己与父母孩子交流的情况。

(2) 学生说说自己与父母交流的情况。

(3) 选出一些写得比较好的“给父母的一封信”，请同学读出来，并把父母的回信也读出。

由此可见，我们与父母的关系并非不能改变，父母也不是不近人情的，他们也在关心我们，也在想办法走近我们。那我们就该主动走近父母。

5. 走近父母的方法

多向父母表达你爱他们。

主动承担家务。

纪念日、节日送点小礼物。

遇特别情况写一封信表达感激。

适时为父母倒杯茶、削个水果。

和父母有分歧时学会换位思考，站在父母的角度上去想一想。

遇上烦恼，告诉父母，寻求父母的帮助。

回家和外出主动给父母打招呼。

6. 班会结束

感恩主题班会

一、班会目的

通过感恩主题班会让学生时时保持一颗感恩的心来对待身边的人，发现想感激的人。体会到在点点滴滴的生活中流露着的父母爱，在学习上无私奉献的老师爱，与自己共同成长的朋友爱。促使学生在那些早已习惯的行为中理解、感悟爱。教育学生从现在开始，从小事做起，努力学习，健康成长，用实际行动来表达感恩之情。

二、班会过程

1. 开场白

主持人问：提到感恩，大家会想起什么呢？有谁知道感恩节的起源？

回答：感恩节起源于美国，目前也是美国法定假日中最地道、最美国式的节日，而且它和早期美国历史最为密切相关。

1620 年，一些朝拜者乘坐“五月花”号船去美国寻求宗教自由。他们在海上颠簸了两个月之后，终于在酷寒的 11 月里，在现在的马莎塞州的普里茅斯登陆。

在第一个冬天，半数以上的移民都死于饥饿和传染病，活下来的人们在第一个春季开始播种。整个夏天他们都祈求风调雨顺，热切地盼望着秋天丰收的到来，他们深知自己的生存以及殖民地的存在与否都将取决于即将到来的收成。后来，庄稼获得了意外的丰收，所以大家决定要选一个日子来感谢上帝的恩典。于是就取了 11 月的第四个星期四为感恩节。感恩节庆祝活动便定在这一天，直到如今。

感恩节庆祝模式许多年来从未改变。丰盛的家宴早早就开始着手准备。人们在餐桌上可以吃到苹果、桔子、栗子、胡桃和葡萄，还有葡萄干布丁、碎肉馅饼、各种其他食物以及红莓苔汁和鲜果汁，其中最妙和最吸引人的大菜是烤火鸡和南瓜馅饼，这些菜一直是感恩节中最富于传统和最受人喜爱的食品。

人人都赞成感恩节大餐必须以烤火鸡为主菜。火鸡在烘烤时要以面包作填料以吸收从中流出来的美味汁液，但烹饪技术常因家庭和地区的不同而各异，应用什么填料也就很难求得一致。

今天的感恩节在美国等西方国家是一个不折不扣的国定假日。在这一天，具有各种信仰和各种背景的美国人，共同为他们一年来所受到的上苍的恩典表示感谢，虔诚地祈求上帝继续赐福。

主持人：感恩节的故事中，人们感谢上帝而产生了感恩节。在现实生活中，我们不需要感谢上帝，而是要感谢身边的人，在身边寻找自己最想感谢的人。

2. 游戏

同学们拿出白纸，在纸上按顺序写上①、②、③的序号，并要留白。

找同学上台写出自己最想感谢的人（①为最想感谢的人，②次之，③再次之）。再写出想感谢他们的原因。

主持人问：为什么要把他放在这一个位置呢？如果我们把③、②、①依次擦掉会发生什么样的情况呢？如果这个人不存在，你的人生会发生什么改变呢？（同学们纷纷发言）

主持人说："树欲静而风不止，子欲养而亲不在"。如果没有父母，我们根本不存在；如果没有老师，就没有我们的今天，我们就不能坐在教室里学习；如果没有朋友，我们的生活就会少了很多乐趣。感谢的人有很多，尤其是身边人，在生活中我们要善于发现人的优点，发现要感谢的人。

3. 诗朗诵

感激伤害你的人，因为他磨炼了你的心；
感激绊倒你的人，因为他强化了你的双腿；
感激欺骗你的人，因为他增强了你的智慧；
感激蔑视你的人，因为他觉醒了你的自尊；
感激遗弃你的人，因为他让你学会了独立；

主持人：生活需要一颗感恩的心来创造，一颗感恩的心需要生活来滋养。在生活中我们要时时怀着感恩的心来对待身边的人，不仅仅是要用言语，也要用行动来表示我们的感恩之心。我们还可以利用节日充分地表达我们的感恩，母亲节、父亲节、教师节等等。

4. 学习手语歌曲《感恩的心》

我来自偶然，像一颗尘土
有谁看出我的脆弱
我来自何方，我情归何处
谁在下一刻呼唤我
天地虽宽，这条路却难走
我看遍这人间坎坷辛苦
我还有多少爱，我还有多少泪
要苍天知道我不认输
感恩的心，感谢有你
伴我一生让我有勇气做我自己
感恩的心，感谢命运
花开花落我一样会珍惜

5. 制作小礼物

主持人：下面教大家一种比较简单地制作小礼物的方法——压花，在节日时奉上亲手做的小礼物相信其中的心意一定能够感动收礼物的人。

（1）发材料（两人一小包的花瓣，固体胶，白纸）

（2）构图（自己设计花样）

（3）试摆（把花摆上白纸，看效果）

（4）贴花（先在白纸上涂上固体胶，再把花压上去）

6. 班会结束

我爱我班

一、班会目的

通过这次主题班会的开展，培养

学生的集体荣誉感，形成班级凝聚力，从而团结同学，认真学习，勇于创新，勇于开拓，共创辉煌，努力争创优秀班集体。

二、班会过程

1. 朗诵《我爱我班》

主持人甲：我们来自四面八方，

主持人乙：我们有着不同的个性。

甲：我们是应着一种缘分走到了一起，

乙：组成了一个团结友爱的大家庭。

甲：请听诗朗诵《我爱我班》。

2. 小品（由同学根据主题自编自演）

乙：年少的我们，渴盼长大，

甲：但总是掩饰不了一些幼稚。

乙：我们热情似火，

甲：但有时也会迷失方向。

乙：请看下面的小品，或许你会从中有所感悟。

3. 男女生对唱《同桌的你》

甲：初中三年，我们将携手走过。

乙：同欢乐、共甘苦，我们将谱写友谊的乐章。

甲：我们是兄弟姐妹，

乙：我们是亲密伙伴。

甲：若干年后，当我们回首往事时，将倍感温馨；

乙：若干年后，我们会想起亲爱的同学，想起我们的同桌。请听歌曲《同桌的你》。

4. 讨论：同学之间应如何交往？

甲：一首《同桌的你》让我们感到友谊的可贵。

乙：在我们平时的相处中，同学之间有时不免会产生一些矛盾。

甲：下面请大家谈谈，同学之间应如何交往？

（过程略）

乙：马克思说："人的生活离不开友谊，但要得到真正的友谊是不容易的。友谊需要忠诚去播种，用热情去灌溉，用谅解去护理。"

甲：苏霍姆林斯基说过，只有尊重别人的人，才有权受人尊敬。

乙：与人相处不能只想自己，要想到别人；与人相处要以诚相待，学会谅解。

甲：营造温馨、和谐的人际关系，要靠我们大家共同的努力。

乙：温馨、和谐的人际关系给人的感觉是美好的。

5. 大家谈：怎样为班集体添光彩？

甲：我们的班级是一个生命体，我们就是其中鲜活的血液，我们要不断地为这个生命体输送养分，让她健康成长。

乙：请大家谈谈：怎样为我们的

班集体添光彩？

过程（略）

甲：活跃是我班的特点，也是我班的长处。

乙：这是青年人的活力的体现，是人的聪明才智的表露。

甲：快乐学习，每天拥有一个好心情，你的学习效率会高效。

乙：但不适宜的活跃也会影响我们的学习，有损我班的形象，因此我们必须把握好一个度。

甲：“同船过渡，八百年修行”，相聚是缘分。

乙：全班一心，众志成城，期待着我班更上一层楼。

甲：下面我们请班主任 X 老师讲话。

（班主任寄语略）

6. 结束语

乙：带着千奇百怪的个性，我们聚合在一起。

甲：为了共同的愿望，我们聚合在一起。

乙：××双眼睛，默默地求索，

甲：××颗跳动的心，鸣奏着一个声音——真诚。

乙：真诚对人，真诚对己。我们徜徉在知识的海洋中，

甲：激流勇进，我们翱翔在智慧的蓝天里。

合：畅想未来，我们将拥有美好的明天！

我的未来不是梦

一、班会背景

进入初三，学生中开始出现两极分化的现象，学生在学习上和心理上存有很多的困惑：成绩优秀学生心理压力过大；学习较差的学生有自暴自弃的倾向；而中游的学生努力了却不见太多收获，毕业后是继续升学还是打工就业将是他们无法回避的选择。

二、班会目的

通过这次主题班会，使同学们明确了人生的奋斗目标，增加了学习的动力和热情，并认识到实现理想的路途充满艰辛，需要靠同学们脚踏实地，不懈地努力，才能实现心中美好的理想，使美梦成真。

三、班会过程

1. 歌曲导入：《我的未来不是梦》

班主任：斗转星移，年华似水，16 年前，我和我初三的同学们唱着这首歌“一路向北”去迎接中考，现在我又领着同学们听着这首歌走在初三，最终也要去迎接中考……四季轮回中我们正一点点地长大。当年和我同唱着这首歌的同学们多已成家立业功成名就，而同学们你们的未来又将怎样呢？今天，班会的主题就是：

我和我追逐的梦。

2. 辩论比赛：理想的有无对人生并没有多大影响

流沙河在《理想》中描述到："理想是石，敲出星星之火/理想是火，点燃熄灭的灯/理想是灯，照亮夜行的路/理想是路，引你走向黎明"没有理想的青春，就像没有太阳的早晨。没有理想的人，就像一台没安马达的机器。对我们青少年来说，理想就更重要了，我们是祖国的未来，如果我们胸无大志，那我们的国家未来就没有希望了。

然而，许多同学认为，现实生活中许多人并没有崇高的理想和目标，也活得挺好的，可见，理想的有无对人生并没有多大影响。那么，到底谁对谁错呢？请同学们展开辩论。（组织形式同正规辩论赛相同）

3. 填写图表："个人的成长路线图"

（1）学生畅谈今后打算。

人活世上，谁不希望能有作为于社会，回报于家庭，慰藉于自己？幼时的我们曾经也有过这样那样的梦想，可是，岁月的风霜，世事的艰辛，人情的冷暖，使许许多多的人变得麻木漠然，不思进取，怯于奋争……

但是，时间不为哪一个人停留，我们终究会走出少年，走进青年、壮年，走向老年，直至走完自己的一生！

现在请同学们画一个个人的成长经历路线图，如实写上你将在这些年龄时做些什么？

（2）教师引导分析每个学生的实际情况，帮助他们找准自己坐标和前进的方向，在此基础上走出自己的精彩之路。

4. 总结发言

有梦就会有精彩的人生，希望我们放飞心中的梦想，去追寻，那是天空中的白云，是美丽的彩霞，只有用我们勤奋的双手才会织出，只有用我们智慧的头脑才会思考，只有用我们的思想才会放飞之梦。相信我们的未来不是梦，如果是梦，那一定是美梦，而且是美梦成真。

5. 在歌曲《我的未来不是梦》中结束班会

学会与人交往

一、班会目的

认识到人生活在社会中必须与他人交往；这是人类群体生活所决定的，21 世纪更需要学会交往；明白中学生交往的主要对象是老师、同学和家长；掌握正确处理好与同学、老师和家长之间关系的技巧，注意提高自己的交往能力。

二、班会形式

小品、演讲、讨论

三、班会准备

1. 确定活动主持人，并认真做好主持过程的准备工作。

2. 编排小品剧。采取自愿报名的方式，分别编写小品内容及表演形式，提前做好排练工作。

3. 请文笔好且擅长演讲者准备演讲稿及配乐演练。

四、班会过程

1. 开场白

主持人：我们从呱呱坠地时，就开始生活在社会之中，最初接触的是父母，接着就是家庭中的其他人员、亲朋、邻里、幼儿园老师，随着年龄的增长，交往圈越来越扩大，中学生交往的主要对象是父母、同学和老师。此外，还有社会中的其他人。人为什么要和他人交往？在人与人的交往过程中应掌握哪些技巧才能建立和谐的人际关系是我们这次班会探讨的主题。“学会与人交往”主题班会现在开始。

2. 看画悟理

主持人：首先思考的问题是人为什么要和他人交往？请大家观看这样一个画面，（投影仪在屏幕上显示出一只孤雁无助地在天空中飞翔）然后思考画中的含义是什么？请同学们自由发言。

由3~4位同学谈个人对画面的理解。

主持人：以上几位同学讲得很好、此画面说明孤雁难行。那么，我们每个人如同大雁一样，离开了社会群体就会在生活、学习、工作以及今后的事业等方面遇到许多难以克服的困难，甚至无法生存。谁能从亲身经历和身边发生的事例说明这个道理。

3. 典型案例

（1）由两名同学讲自己亲身感受。

学生甲：过去我性格孤僻，不爱和别人交往，课下总是一个人坐在位子上埋头看书，一在家也不愿意和父母交流自己对周围事物的看法，遇到学习上的难题既不敢向老师请教，也不愿请同学帮助，结果学习越来越吃力，怎么努力成绩也上不去。后来经过心理辅导老师的帮助和指导，我明白了必须克服自己性格上的弱点，主动和家长、老师、同学交往，我逐渐变得开朗了，乐于和大家在一起交流思想、探讨问题了，学习成绩也逐渐提高了。

学生乙：小学五年级时，我的父母离异了，当时我心中苦闷，怕同学们瞧不起我，议论我。原本开朗的我变得沉默了，上学和放学独来独往，集体活动很少参加了，班主任找我谈话，我也不吐露真情，我觉得未来的憧憬破灭了，从此学习精神不集中，学习成绩随之下降。在班主任多次家访和耐心引导下，我正确认识了家庭环境的变化，懂得了要面对现实重新振作起来，班长也主动帮助我弥补学习上的缺陷，我增强了生活的信心和力量，小学毕业时以优异成绩考上了咱们学校。

（2）由一名学生介绍身边典型事例。

学生丙：讲述了她小学的好朋友因自卑心理太重，害怕与老师和同学交往，对父母的高期望感到压力太重，考不好非常苦闷，但又不向任何人诉说，因怕影响学习而不参加班集体活动，享受不到集体生活的愉悦和欢快气氛……久而久之，学习成绩不仅没提高，体质也下降了；毕业成绩也不理想，勉强及格。

主持人：可见，人离不开交往。正如美国作家萧伯纳所说的名言一样“如果你有一个苹果，我有一个苹果，彼此交换，我们仍只有一个苹果；如果你有一种思想，我有一种思想，彼此交换，我每个人就有了两种思想。”（用投影仪打出）让我们在交往中不断获得真知，在交往中享受人生的快乐，在交往中去寻求人生的真谛。中学生的交往对象主要是父母、同学和老师，当然还要与社会中的其他人交往，那么，让我们首先探讨一下如何与父母、同学、老师交往呢？请看小品剧。

4. 表演小品剧

（1）“母女俩”

主要剧情：母亲生病，孩子不闻不问，只知朝母亲要零花钱，母亲对孩子进行教育，但态度有些简单粗暴，孩子不接受，对母亲大加顶撞；狠狠地甩了一下书包，离家而去。

（2）“考场上发生的事情”

主要剧情：考场上，学生甲有一道题不会答，就偷看同桌学生乙的卷子，乙将卷子合上没给甲看。考试结束后，甲指责乙，并用讽刺的语言挖苦乙。乙很气恼，认为自己的行为是对的，就和甲据理力争，双方互相指责；闹得不可开交。

（3）“师生之间”

主要剧情：学生丙课上看武侠小说，被老师发现后没收了，可当老师想给他时却意外地找不到了。老师认为是学生自己偷着拿走了，学生丙一再解释自己没拿走，老师还是不相信；学生丙对老师的不信任非常恼火，对老师出口不逊……

（4）“在商场里”

主要剧情：两位同学去商店买学习用品，在柜台前，售货员和其他柜台的售货员正聊得火热，对两位同学不理不睬，在两位同学再三的要求下，售货员不耐烦地把文具扔了过来，并给了他们一个白眼，两位同学很生气，转身就走，并骂了一句很难听的话。

5. 讨论和分析

主持人：大家看完了几个小品剧之后，想必定会有感而发吧，请思考、分析下列问题，各抒己见，取得共识。

小品剧（1）中母女各有何不对之处？女儿应如何对待母亲的教育，当有分歧时该如何处理？

小品剧（2）中的甲乙双方的冲突产生原因是什么？各自应持什么态度才不致伤害友谊？

小品剧（3）中的学生丙该如何对待老师的误解？

小品剧（4）中的两位同学对那位售货员的态度应采取何种方法才是最佳的交往技巧？（以小组为单位进行讨论和分析，然后由各组代表发言）

6. 改编小品

主持人：请四个小品剧的主人公们按正确交往原则改编小品剧情。（四个小品剧皆以正确方法妥善处理母女间、同学间、师生间以及与社会上其他人员交往中出现的矛盾）

7. 演讲

主持人：中学生活是多姿多彩的，我们的集体也不都是男孩或女孩，男女同学交往就会是必不可少的，有人把男女生之间的交往看得很微妙，家长和老师也无不担心。那么，应如何对待男女同学之间的交往呢？男女生交往时应注意些什么？请听演讲。

由一位同学就“谈男女同学之间的交往”进行演讲。

演讲内容提要：男女同学之间交往是正常的，正常的交往有益我们的身心健康，可促进学习、共同进步。但如把握不好，超出正常范围，则会影响学习，甚至走入歧途。异性交往中应把握四个原则：心地纯正、态度明朗；谈吐文雅，举止端庄；仪表大方；探讨问题时一般在公共场合；参与活动时注意群体性；男孩要尊重女孩，女孩要自尊、自爱。同时，希望教师和家长理解我们并正确引导我们。

主持人：她讲得多好啊！同学们有什么感受可发表一下自己的看法。

由3～4名同学谈自己的感受，自己过去是怎样做的，今后打算怎样做。

8. 班主任总结

我们这次活动很成功，每个同学都积极参与，讨论时踊跃发言，许多同学能主动反省自己过去在交往中的不足。可以说，今天这个活动给我们大家上了一堂生动的教育课。希望同学们能像自己在发言中所说的那样，在今后与家长、老师、同学及他人的交往实践中，多一分理解，注意从对方的角度考虑问题，不断完善和提高自己。这样，无论是在家里、在学校还是在校外，我们通过努力为自己创造一个宽松而畅快的环境，并在这种美好的环境中茁壮地健康成长。21世纪竞争更加激烈，竞争中必须学会合作，只有善于交往的人成功的机会才多，愿同学们从现在做起，学会交往的技巧，建立和谐的人际关系。

相互理解，团结向上

一、班会背景

同学之间、师生之间如果缺乏相互的了解与理解，绝对不是个团结向上的班集体，这个班级也谈不上有凝聚力，更谈不上有战斗力和竞争力了。

二、班会目的

通过活动增强学生间相互的理解，营造团结的气氛，相互之间不再为一点点小事而斤斤计较。使同学们认识到团结的力量有多大，希望同学之间、师生之间能多一分理解和宽容，进而提高学生的道德水平修养，提升学生的人格和行为能力。

三、班会过程

1. 主持人开场白。

(男)：理解是一种爱，它奉献给人们的是最真挚、最美好的感情；

(女)：理解是一种尊重，我们每一个人都要领会其中蕴涵的热情；

(男)：理解是相互的，要想被人理解首先要理解别人；

(女)：理解和宽容是并生的姐妹，宽容是理解的表现，理解是宽容的内涵。

(合)：让我们彼此之间多一分理解和宽容吧！

2. 同学相互交流收集的故事

3. 格言交流

4. 小品表演

5. 演讲：理解万岁

6. 班主任总结

其实，理解就是那么一句普普通通的话，一个淡淡的宽容的微笑，一束支持鼓励的目光，却会使你发现周围的世界是如此的温馨，同行的路人是如此的善良。理解是我们生活学习的希望！

珍视友谊

一、班会目的

使学生了解朋友的重要性，使学生知道在结交朋友上的利弊得失，培养为他人服务的良好态度，使学生知道如何积极主动地关心、帮助别人，乐于接近周围人，做个被大家欢迎的人，与他人建立和谐的人际关系。

二、班会准备

1. 每个学生准备一张朋友的照片。

2. 师生动手，共同收集关于“朋友”“友谊”的精彩例句或古今中外关于“朋友”的感人故事。

3. 事先将每个同学的名字写在小纸片上，装入一密封纸箱中。

三、班会过程

1. 师生对话，了解人际关系对心理健康发展的意义，阐明“人与人之间需要真诚的友爱”的观点。

(1) 主持人叙述并提问：有一个孤独的旅行者在沙漠中行进，一天，两天，三天，茫茫沙海，渺无人烟，请大家想象一下，这个沙漠旅行者将需要什么？

(2) 学生想象并回答。

(3) 教师小结：这个沙漠旅行者除了需要水、食物等生存必需品之外，最需要的将是与人交谈，希望遇到人，能够与人交往，但朋友将更有意义，哪怕是分担痛苦。

(4) 主持人提问：我们什么情况下最需要朋友？

(5) 学生讨论，小组归纳：

① 困难的时候——需要获得朋友的帮助。

② 苦恼的时候——需要获得朋友的安慰。

③ 孤独的时候——需要获得朋友的陪伴。

④ 快乐的时候——需要和朋友一起分享。

2. 开展“天使与主人”的服务活动，让同学体会相互帮助的活动，每一个人既是天使，又是主人，天使要在一周内为主人服务，项目主要指精神上的安慰，避免物质上的服务。

(1) 活动规则：每位同学轮流在事先准备好的纸箱中抽取一位同学的名字，抽到自己者重抽，小纸条由教师写上抽取者名字保存（以备一周后总结）。你抽到的那位同学即是你主人，你就是他的天使，从现在起一周内，尽量找机会替主人服务。

(2) 强调精神上、实质上的正当服务，避免物质上的服务，不可替主人写作业或作弊、打架。

(3) 找主人给予适时的帮助，例如主人苦恼时，可以通过写信交谈去问候；主人做值日生，帮助他一起做好保洁工作；主人遇到困难时，可以和他一起解决；主人开口说脏话，或有不文明言行时，可以“善意”地给他指出来，协助其改正，天使尽量秘密地替主人服务。

(4) 允许同学“善意”地干扰，可以去服务其他主人，让自己的主人不太能确定真正的天使，以促进全班同学互帮互助的团结精神，实现撒播友谊种子的目的。

3. 师生对话，探讨友谊的条件或范围。

(1) 由主持人提问：友谊得以发展的重要前提是什么？

(2) 学生讨论。

(3) 教师归纳：要得到真正的友谊，要想友谊天长地久，必须做到：真诚待人，热情助人，强调友谊是一个个具体的行动和汗水浇灌出来的花朵，需要我们每个人来爱护。

4. 在共唱或听周华健的《朋友》声中结束今天的班会。

把真情永远留住

一、班会目的

通过同学们对前一年生活的回顾，展望美好的未来，增强集体的凝聚力，促进班集体的建设。

二、筹备步骤

1. 在班内向全体同学征集主题班会的主题、形式。

2. 班委、团支部主要人员讨论并确定主题、内容。

3. 动员有特长、有文采的同学组织节目编撰稿件。

4. 利用课余时间全班学歌，筹备和排练节目。

5. 班会组织者和班主任商讨最后应解决的困难。

6. 班会会场布置。

三、设计思想

吸取以往班会形式单调、衔接松散的教训，本次班会以回忆倒叙的形式，以时间、事件为线索，用主持人解说、旁白贯穿节目之间，特别以序曲，拼搏篇、友情篇的方式突出“把真情永远留住”的主题。

四、班会内容

音乐起，场景转换：军训的夜。

表演：略。

主持人旁白：

女：一年前的9月，我们怀着好奇的心情踏进×班的门槛，就在那一瞬间，我们深切地感到：我们属于这个集体了，于是我们把彼此的心融在一块，大事小事，我们都同呼吸共命运，我们时刻将自己与这个大家庭联系在一起。

男：从报到那时的相遇，到军营中的相识，再到如今的相知，缘分将我们带到一起，友情将我们聚到一起，多么美妙的时光，好似一段奇妙的旅程。

女：自创建了这个集体开始，每个成员都在为这个大家庭贡献一分力，尽管仍存遗憾，但每个人都热情不灭，在一天天的相处中，同学们团结得更紧密了，心与心的距离更近了。

合：让我们凝住这一刻：真情留驻！

第一篇：拼搏篇

节目1　诗朗诵：《军训生活》

构思说明：从军训生活开始忆起，军训这是一段让我们曾经欢笑、曾经流泪的日子，一段让我们初次领略了集体的重要的日子，一段让同学们唤起热情，努力为班集体拼搏的日子。

节目2　运动会的畅想

构思说明：以运动会上××同学感人的事迹为线索，高度赞誉运动员们为获得的每一分付出的艰辛，让同学们再次深切感受为集体作贡献的那份震撼人心的魅力。

节目3　宣传奖项荣誉回顾

构思说明：感人的叙述，衷心地感谢，使同学们再次为这些来之不易的奖项而自豪，激励大家，为了我们的荣誉更加投入！

节目4　讲述我们的学习

构思说明：两名同学作为学习委员，以亲身经历让同学们感受我们在学习上曾经落后，曾经落泪，但高二半学期的学习气氛给了我们信心和勇气，坚持下去，胜利会属于我们！

节目5　谢谢你，组长

以卫生委员的身份，回顾一年多来班级的卫生情况，对于为取得年级综合评比第三名的荣誉而付出辛苦的组长们表示感谢，让更多同学了解和体会组长的工作，支持组长的工作！

节目6　歌曲：《明天会更好》

通过前5个节目的展示，让同学们深刻体会到班级的凝聚力，体会为班级做出自己贡献的幸福。在热情迸发的氛围中，演唱一曲《明天会更好》，激励同学们的拼搏精神。

第二篇：友情篇

节目1　难忘的联欢会

对×年联欢会会场的回顾，让同学们体会友情。

节目2　感受温暖

作为最后一名来到这个集体的成员，以她的心历路程为内容，倾诉班级和同学让她感受到的友谊、关怀和帮助。

节目3　病愈之后

以前对班级和同学关系无所谓的同学，在一次病愈返班后，得到同学们的欢迎和帮助，她改变了对集体冷漠的态度，并开始回报班级、同学！

节目4　野炊小记

以刚刚结束的“野炊”为题，描述同学们的分工、协作情景，在体味欢乐的同时，咀嚼一份沉沉的友谊。

节目5　歌曲：《朋友》

一曲歌曲，让所有的人禁不住想起我们的朝夕相处，想起相知的同窗好友，那一件件小事，都贯穿着友谊和情分，让我们学会珍惜，懂得付出！

女：同学们发自内心的诉说，一次又一次地拨动着我们的心弦，那点点滴滴看似转瞬即逝的小事，却在我们的脑海中留下了永恒的烙印。

男：拿起高一时的合影，不是感叹年华易逝，青春不再，而是长久注视那双双清澈的眼睛。它提醒你：正是你，曾拥有那么多的光亮，那么大的空间，那么多的可能，而这一切并未全然消逝。

女：让今天收藏昨天，在一截截的收藏中，片断连成电影

合：这一切属于你我的未来！

全体同学起立，点燃和传递蜡烛，合唱歌曲。

《相亲相爱》全体同学

幸福的真谛

一、班会目的

现在的孩子对幸福的理解比较片面，甚至认为吃、喝、玩、乐就是幸福。为了使学生形成正确的幸福观，召开此次班会。通过这次班会让学生了解究竟什么是幸福？了解幸福就在我们的身边。更要知道幸福需要我们去创造。

二、班会准备

录音机、磁带、头饰。

三、班会内容

主持人（合）：各位老师、亲爱的同学们，你们好。

女：我宣布×年级×班《幸福的真谛》主题班会现在开始。

进行班会第一项：班长讲话。（略）

男：进行班会第二项：活动开始。

女：同学们，时光老人已把我们带入了21世纪。我们的祖国处处充满了生机，各行各业更是捷报频传。

男：作为新一代的少年儿童，我们是祖国的花朵，人民的未来，生活得非常幸福。我们个个都是父母的掌上明珠，家里的小皇帝、小公主。真可谓是衣来伸手、饭来张口。

女：可我们也不能全都依靠父母，俗话说得好：靠墙墙会倒，靠娘娘会老。我们应该自己动手去创造幸福。

男：对，说得好，可是同学们，你们知道什么是幸福吗？下面请小记者××同学对大家进行一下现场采访。

同学们踊跃发言。

女：同学们对幸福谈了自己的一些看法，能有自己的理解，这很好

啊！接下来，请欣赏由××同学给大家带来的诗朗诵《幸福是什么》。

男：是啊，幸福到底是什么？哲学家和诗人的话难道还不令人深思吗？下面，让我们来轻松一下，请欣赏舞蹈《好日子》。

女：她们的舞姿真是太美了。是啊，我们的生活多么幸福啊，这种好日子是人人都想得到的。那么，我们应该怎么去追求幸福呢？下面，请小记者××对大家进行一下现场采访。

同学们自由发言。

男：同学们说得真好，我想大家如果按照自己说的去做，一定会得到幸福的。接下来请欣赏×××给大家带来的故事《幸福在哪里》。

讲故事（略）。

女：故事中的三个小孩，经过自己的努力，都得到了幸福的真谛，在她们得到幸福的同时，也把幸福带给了大家。所以，幸福的真正含义就是：给予。让我们共同在歌声中去理解幸福吧。

歌曲联唱：《让我们荡起双桨》《春天在哪里》《我们的生活多么幸福》《友谊地久天长》。

男：优美的歌曲表达了人们对幸福的追求，对幸福的向往和对幸福生活的赞美，其实在我们身边每天都会感受到幸福的存在。

女：我相信只要我们辛勤耕耘，就一定会有收获。

男：只要我们努力学习，奋发向上，幸福就会陪伴在我们身边。

女：通过这次班会，我们知道了同学们对幸福有自己不同的理解。但有一点是相同的：那就是幸福要靠我们自己去创造。让我们共同来唱《幸福拍手歌》结束我们的班会吧！

男：进行班会第三项：班主任讲话（略）。

高中新生入学主题班会

一、班会目的

新学期新的要求，统一思想，统一认识。强化常规管理。重申遵纪守法的重要性。

二、班会准备

1. 部分同学准备发言材料，总结初中学习生活的得与失。

2. 新学期计划。

三、班会过程

1. 开场白

回望着身后我们共同留下的那串印记，不由得让我们的脑海中泛起一阵微波，在那倾注了我们太多欢乐、太多泪水的日子里，我们度过了美好的初中时光。在新的学期里，我呼唤所有的班委及团员能尽自己最大的努力来维持班级的气氛，我坚信同学们会把最新的气象展现出来，在新的学期里，我坚信我们高一年级（1）班会做得更好，让我们共同努力，共同改变，共同完善我们的这个集体吧，力争让我班的明天，有一个更大的飞跃！

2. 学生代表发言

学生A：时光飞逝，转眼间初中已经过去了，在过去的三年里，我学到了很多知识，不论是优点，还是不足，都始终伴随着我成长，有很大的进步，也取得了比较优异的成绩，我认为优异的成绩是与老师的辛苦和我的努力付出分不开的，但我也有不足的地方，那就是有的时候上课走神，因此听课效率不高，但在今后，我会改正这个缺点。这学期我会更加努力，争取再创佳绩。

学生B：在初中升学考试中，与我平时的成绩相比自已取得了一定的进步，名次也有提升。但在不同的学科上，我还存在着各种各样的问题。对于英语这一学科，我感到有难度的地方是完形填空方面。对于句子的结构以及词性不太了解，以至于在这一大题方面丢了许多分。另外在写作方面，我总忽视时态问题，对于动词的变形不太在意，因此，失分很多。在新学期，我应该对这两方面进行大量的专项练习，来提高我的英语成绩。

学生C：时间飞逝，初三已经结束了，初三生活让我取得了十分喜人的进步。在学习方面，中考成绩是最好的见证，比过去的成绩有很大的提高。在班务管理方面，我希望我们共同做到以下方面：上课不说话，按时完成作业，不与同学发生矛盾，不乱扔废纸，课间多议论学习，多向老师提问，多积极做值日，多主动帮老师做事。本学期是高中的第一学期，我们要迎接高中的考验，我在本学期的计划是：保持科学的学习方法，多提问、多思考、另外应多做练习，在练习的基础上归纳总结。

学生D：初三的生活已经结束了，紧张的新学期即将开始。我还存在着许多不足的地方，例如上课不能够专心听讲，经常走神，等到想起来学习时，已经来不及了。回到家里，只是满足于写完作用，所以导致最终考试的失败。究其原因，是对基础知识掌握不扎实，练习太少，对公式不熟悉无法灵活运用。这些缺点都是可以避免的，新学期，我们需要面对很大的压力，但我一定会尽我最大努力，在学习与生活中表现我最好的一面！

3. 班主任讲话

同学们，你们现在又在同一起跑线上，龟兔赛跑的故事大家早已知道，有些同学虽然速度不快，但是只要他能坚持不懈，就一定能获得最后的胜利。有些同学速度较快，但如果他不珍惜时间，跑跑停停，仍会落后。希望大家抓住新的机遇，迎接新的挑战，振奋精神，全力以赴，跑出自己最好的水平。

4. 结束语

这是一节有意义的班会，许多同学都说了自己新学期的打算并订了适合自己的计划，与此同时，我也感到了时间的紧迫，若不能珍惜时间，将会被社会抛弃，丧失自己的未来，在老师的总结中，能听出她对我们满怀信心并相信我们能战胜自己，战胜懒惰，同学的话，让我充满自信，如果我能够从现在开始，为理想冲刺，我想我也可以朝自己的目标航行，老师这样的信任我们，鼓励我们，我们又有什么理由退缩、认输呢？我知道，人生有许多的“战场”需要我们去竞争，我会坚持到底，虽然我知道在航行的路途中会有风浪，雷雨需要面对，但是只要想到“风雨过后，便是彩虹”，就有前进的动力。同学们，现在就开始为理想奋斗吧！

网络安全教育班会

一、班会背景

网络为我们提供了丰富的信息资源，创造了精彩的娱乐时空，成为学生学习知识、交流思想、休闲娱乐的重要平台，增强了与外界的沟通和交流，但网络犹如一把双刃剑，其中一些不良内容也极易对学生造成伤害。主要表现在：许多孩子上网浏览色情、暴力等不健康的内容，沉迷于内容低级、庸俗的网上聊天和网络游戏等。网络“无时差、零距离”的特点使得不良内容以前所未有的速度在全球扩散，网络不良内容甚至还会造成学生生理上的伤害，加强网络安全教育尤为紧迫。

二、班会目的

让同学们清楚地认识到网络上存在的各种不安全的隐患，学会在虚拟的网络世界中保护自己的利益；理智地对待各种诱惑，抵制不良思想的侵蚀；尤其注意不能沉迷网络游戏，用血淋淋的事实敲响警钟。

三、班会过程

甲、乙合：大家好！这节班会课的主题是《网络安全教育》。

主持人甲：相信同学们对网络都比较了解，但对于网络安全问题又有多少认识呢？不如我们先听××提几个有关网络安全的问题吧！

1. 畅所欲言

主持人乙：下面的问题都是同学们在上网的过程中遇到的，你们是如何处理，又是为什么呢？请同学们畅所欲言。

（1）你上网有节制吗？时间是怎么安排的？一般是做什么事情？

（2）你有没有保护好自己的上网密码，个人资料？

（3）你会不会把自己的姓名、家庭住址、学校名称或者电话号码、照片等，提供到聊天室或公共讨论区？

（4）你会接收不认识的人发过来的文件等资料吗？为什么？

（5）对于暗示、挑衅、威胁等不良信息，你会如何处理？

（6）对发布不良信息的网站、不健康的聊天室以及不健康的页面，你会采取怎样的态度？

（7）有人以赠送钱物或见面等为理由，提出赴约或登门拜访时，你会怎样做？

主持人甲：看来同学们对网络安全的认识是比较全面的，都能理智地控制自己不受不良思想的侵蚀。

据称，目前中国网络的负面影响主要有：其一，国内外敌对势力在互联网上刊载大量反动性、煽动性、黄色、暴力和低级庸俗的内容。对未成年人身心健康造成严重的不良影响。其二，很多犯罪分子利用网站、网吧提供的平台，针对未成年人自控力较弱的特点，利用上网聊天的机会寻找目标实施诈骗、抢劫、强奸等犯罪活动，给未成年人的人身安全直接造成威胁。

（8）你曾经去过网吧上网吗？甚至是玩游戏？

（9）你玩网络游戏吗？是哪一类型的？会模仿游戏里面的语言和动作吗？身边的同学有没有模仿甚至经常谈论？

（10）如果你的身边有沉迷网络游戏的同学或亲戚朋友，你能说说他们的表现吗？

主持人甲：沉迷网络甚至网络游戏不仅影响我们的学习和心理健康，还可能会让我们走进歧途。模仿游戏中的语言或动作，造成惨剧。

2. 看案例和资料，谈感受

主持人甲：×年×月×日，××小学的学生在课间嬉戏时模仿网络游戏中的场景进行打斗。同班好友小A和小B各自饰演一款当下流行的网络游戏中的敌对角色，“战斗”进行中，小B不慎用弹簧刀刺死了小A。

同学自由发表看法：为什么会出现这样的惨剧，你从中想到什么？你会怎样要求自己？

主持人乙：这起惨剧的发生，当然不是偶然的。它的背后，是数量庞大的青少年网络游戏大军。根据最新统计的结果，目前中国约有2000万网游少年中，其中的260万人是网游成瘾者，“网络成瘾”已成为导致这批青少年家庭矛盾加剧和参与违法犯罪的诱因。

网络成瘾症：可造成人体植物神经紊乱，体内激素水平失衡，免疫功能降低，引发心血管疾病、胃肠神经官能病、紧张性头疼、焦虑、忧郁等，甚至可导致死亡。

3. 总结

网络为我们提供了丰富的信息资源，创造了精彩的娱乐时空，成为学生学习知识、交流思想、休闲娱乐的重要平台，增强了与外界的沟通和交流，但网络犹如一把双刃剑，其中一些不良内容也极易对学生造成伤害，存在很大的安全隐患。这节班会课，我们通过从上网的时间安排，到在网上选择性地浏览信息，对虚拟网络中各种情况采取的自我保护措施，最后到对网络游戏的正确认识做了交流和讨论，目的就是让同学们清楚地认识到网络安全的重要性，学会理智地对待各种诱惑，从而更好地利用网络促进我们学习的进步。

抓住时间的手

一、班会目的

使学生明确为什么要珍惜时间，为什么要勤奋学习，让学生意识到珍惜时间在学习过程中的作用。结合初三毕业班学习的特点，将爱国主义化为爱学习的具体行动中，在实际行动中表现出来。

二、主要方法

谈话法、表演法。

三、班会准备

（1）两位主持做好组织准备工作。

（2）一位同学准备诗歌朗诵。

（3）一位同学准备惜时故事。

（4）准备有奖游戏（拼诗句）。

（5）两位同学准备发言稿。

（6）四位男生准备表演小品。

（7）准备独唱自编曲《抓住时间的手》。

（8）班主任小结。

（9）准备歌曲《明天会更好》。

四、班会过程

1. 引言：主持人自我介绍，致欢迎词，明确班会主题（多用时间来瞻前，来实干；少用时间来顾后，去空想）。

2. ××同学朗诵诗歌《做学习的主人》，使同学明白只有做时间的主人，才能做学习的主人；也只有做时间的主人，才能更好地合理安排学习时间。

主持人点拨：我们只有把握今天，把握好现在，才会无悔于我们的黄金时代。

3. ××同学讲爱因斯坦珍惜时间的故事，希望同学们能从中得到启示向伟大的科学家学习，争取在中考取得好成绩。

4. 游戏：（10分钟男女二人三足拼诗句）主持人明确游戏规则，奖励在规定时间内完成任务的同学，罚没完成任务的同学唱歌。

主持人点拨：即使是一分一秒，未能把握好，也会失去大好良机，让同学们切记："一寸光阴，一寸金；寸金难买寸光阴"的道理。

5. 由谈珍惜时间过渡到初三面临的升学考试，接着是同学谈自己是如何把握时间学习，取得好成绩的心得。

6. 表扬成绩进步大的学生（5位，颁发奖品），树立学生身边的榜样使学生学有榜样，增强自信心，以促进后阶段的学习。

7. ××同学的发言，谈谈自己在月测中成绩进步快的体会。

8. 四位男同学表演小品，反映班中存在的浪费时间的不良现象（如：闲话、闲思、闲事），希望同学们引以为戒。

9. ××同学独唱自编歌曲《抓住时间的手》。

主持人点拨："少壮不努力，老大徒悲伤"，如果现在不努力，长大后我们还能做什么？

10. 主持人：联系10月份爱国主义教育，让同学们认识到爱国应该从上好每一节课，做好每一次作业，考好每一次试，掌握好每天所学的知识抓起，用爱学习的具体行动来表达自己的爱国之心。

11. 宣读惜时好学的《倡议书》。

12. 班主任小结（内容略）。

13. 全班合唱《明天会更好》，××同学领唱，为同学们创造美好的明天鼓励。

给小鸟一片蔚蓝的天空

一、班会目的

通过活动，让学生懂得小鸟是可爱的小动物，保护小鸟人人有责。自然界中小鸟多了，环境也美了，能保持生态平衡。为了使小鸟正常生活，健康成长，我们必须绿化环境，爱护地球家园，给小鸟一片蔚蓝的天空。

二、班会过程

1. 导入：放音乐《快乐的节日》

主持人（女）：大家都知道小鸟是我们的好朋友。

主持人（男）：可是，当今社会上还有一些不法分子还在捕杀它们。

主持人（女）：是呀，我们应该加入保护鸟类的行动当中去，不但要自己做到爱护鸟类，还要阻止那些捕杀鸟类的人们。

主持人（男）：对，只有这样世

界才会变得更加美好！

主持人（女）：下面，《给小鸟一片蔚蓝的天空》主题班会现在开始。首先，有请同学上来讲一讲搜集到的鸟类知识。

主持人（男）：请第一组同学上台来。

燕子是一种候鸟。冬天来临之前的秋季，它们总要进行每年一度的长途旅行——成群结队地由北方飞向遥远的南方，去那里享受温暖的阳光和湿润的天气，表面上看，是北国冬天的寒冷使得燕子离乡背井去南方过冬，等到春暖花开的时节再由南方返回本乡本土生儿育女，安居乐业。果真如此吗？其实不然。原来燕子是以昆虫为食的，可是，在北方的冬季是没有飞虫可供燕子捕食的，食物的匮乏使燕子不得不每年都要来一次秋去春来的南北大迁徙，以得到更为广阔的生存空间。燕子也就成了鸟类家族中的“游牧民族”了。

主持人（女）：下面有请第二组同学上来。

啄木鸟是常见的留鸟，在我国分布较广的种类有绿啄木鸟和斑啄木鸟。它们专门觅食天牛、吉丁虫、透翅蛾、蠹虫等害虫，每天能吃掉1500条左右。由于啄木鸟食量大和活动范围广，在13.3公顷的森林中，若有一对啄木鸟栖息，一个冬天就可啄食吉丁虫90%以上，啄食天牛80%以上，所以，人们称啄木鸟是“森林医生”。

主持人（男）：下面有请第三组同学上来。

猫头鹰是夜行鸟，白天总是睁一只眼闭一只眼。脸的两边还长着羽毛，竖起来像两只耳朵，当它偶尔睁开两只大环眼，再加上长长的鹰钩嘴，挺凶狠的样子，夜间叫声还难听，所以人们就不喜欢它，说夜猫子进宅，无事不来。其实，猫头鹰除了长相凶狠叫声难听以外，它可是一个捉田鼠的能手呢！

一只猫头鹰一个夏天能吃掉上千只田鼠，为人们保护几千斤的粮食，所以说猫头鹰是保护庄稼的益鸟，是人类的好朋友。

主持人（女）：下面有请第四组同学上来。

海鸥是最常见的海鸟，甚至人们一提起海鸟就会很自然地首先想到海鸥。在海边、海港，在盛产鱼虾的渔场上，成群的海鸥欢腾雀跃，它们有的悠然自得地漂浮在水面上，有的游泳，觅食，有的低空飞翔，有的……一般说，哪里有海鸥，哪里就会有鱼，船在哪里撒网捕鱼，哪里也就会有海鸥光顾。

2. 小品《小鸟，飞翔吧！》

主持人（女）：下面请大家欣赏

小品《小鸟飞翔吧》！

旁白：很久很久以前，在一片茂密的森林里，住着许多小鸟。那儿的景色太美了，小鸟渴了就喝这儿的水。小鸟饿了就可以吃到香甜的果子，它们生活得非常快乐。可是天有不测风云，不知为何缘故，人类开始砍伐树木，随着树木一棵一棵的倒下，小鸟们接二连三地失去了家，原来的那片茂密的森林，现在已是一篇废墟，清澈的溪水成了浑浊的泥水，遍地是烂果子，小鸟们好伤心啊！它们互相哭诉：

黄鹂鸟：我们的美丽家园，被人类砍伐了，人们为什么要这么做，我们为他们的庄稼捉害虫，为他们做了这么多，而他们却这么对待我们。（说着哭了起来。）

麻雀：是呀！我们为人类的生活增添了快乐，而人类却为我们增添了悲伤。

猫头鹰：我们可是人类的好朋友啊！

啄木鸟：是呀！我想人类早晚会想到这一点的。

旁白：鸟儿们开始寻找新家，可是飞到这儿没有容身之处，飞到那儿又是一片尘土飞扬，到哪都是老家的一幅惨景。时光如流水，正如小乌鸦所说的，人们终于醒悟了，重视了环保，还有鸟和人类的密切关系，开始植树造林，并把每年的 3 月 12 日定为植树节。不久鸟儿们又有了新家，过着无忧无虑的生活。由于环境的改善，人们的生活水平提高了，真是皆大欢喜。小鸟们开心极了，笑着唱着。

黄鹂鸟说：我们有新的美丽家园，人们的生活也得到了改善，多么美好。让我们一起说："小鸟飞翔吧！"

主持人：欣赏了小品《小鸟飞翔吧》，我们的主题班会也接近了尾声。希望同学爱护地球家园，让小鸟飞翔在我们美丽的家园上。

主持人（男）：同学们，本次班会到此结束。

保护地球资源，共建美好家园

一、班会目的

在世界环境保护日"六·五"到来之际，结合"爱国土、爱资源"教育，通过主题活动等一系列活泼生动的形式，对学生进行环保知识的教育，让学生知道地球是我们人类的家，在这个博大无比的家里拥有丰富的资源：森林、水、空气和动物，从而激发学生要保护这些资源，并让学生懂得怎样去保护地球，共建美好的家园。

二、班会准备

1. 收集有关资料。例如：世界人口增长、大气污染、地球升温等等。

2. 排编表演节目、制作表演道具。

3. 准备地球仪、录放机和需用的录像带。

4. 选定男女主持人各 1 名，熟悉活动程序。

5. 布置会场。

三、班会过程

（在《天地之间》的歌声中，主持人上场。）

主持人甲：（推出大型地球仪）同学们，我出个题目考考大家，好不好？请看，这是什么？（齐：地球仪。）对了，这是地球仪模型，谁能在上面找出我们中国人居住的地方呢？（一名学生找）谁还能找出美国、英国、日本等国的位置？（另一学生找）

主持人乙：世界上像这样的国家有 200 多个，全都居住在地球上，地球是我们整个人类的家。主持人甲：这个家是一个美丽的家，是一个广阔的家，是我们人类祖祖辈辈居住的家。

随着甲、乙主持人的介绍，播放世界各地优美风景的录像片。

主持人乙：也许有的同学要问：为什么只有地球才是我们的家呢？我们为什么不到月球上去住？到火星上去住？到其他星球上去住呢？

动脑筋爷爷：（一同学扮演，边走边说）我来说，我来说。这个问题还是让我来告诉你们吧！

（全体向学鼓掌欢迎）

动脑筋爷爷：在茫茫宇宙中有无数星球，地球只是其中一颗，在这些星球中，除了地球，人们还没有发现另外一颗有生命的星球呢。

（出示美宇航员登上月球的图片，放映录像）

讲解：1969 年 7 月 21 日，美国两个宇航员第一次成功地登上了月球。他们在月球上走路像在空中漂浮一样，飘飘摇摇。月球上没有水和空气，白天温度高达 127℃，夜晚温度又低到零下 183℃，这样的环境，当然不会有生命存在了。

（放“火星”的录像带，边看边讲解）

讲解：火星是地球的邻居，由于它和地球有些相似的地方，人们一直想找到“火星人”，但实际上火星上白天温度可达 20℃，而夜间又降到零下 139℃，这样的环境怎么会有人呢？

（放“水星”的录像片，边看边讲解）讲解水星虽然被称为水星，实际连一滴水也没有，完全是一个干枯死寂的世界。其他星球也一样没有生命，只有地球才有生命，我们为什么住在地球上，而不住在其他星球上，这个问题同学们明白了吗？

队员齐：明白了。

主持人乙：看来，只有地球才是我们人类唯一的家，宇航员们在月球上看到最美丽的就是地球，请看（出示地球挂图）这就是地球，黄棕色的陆地，蔚蓝色的大海，美丽的云彩在飘荡，这是一幅多么美丽的图画啊！那么，在这个大家庭里除了我们人类外，还有些什么？

同学1：还有森林、水、空气、动物和土地。

5名队员戴着画有“森林”、“水”、“空气”和“土地”的头饰，随着音乐节奏上台。

森林：（放带有森林的录像）我是人类的第一故乡——森林。人类的祖先一直生活在我的怀抱。天下雨的时候，我能把大量的雨水吞掉；天干旱的时候，我能“吐”出水来，所以有了我，就能防止水灾和旱灾。我还能放出氧气，吸收一种对人体有害的气体——二氧化碳，使人类健康的生活，我们挺立在江河岸边能防洪；长在公路两旁能遮挡太阳、防止灰尘；栽在风沙地区能阻止沙子搬家……我的作用太多太多，我一下子也说不完……总之人类离不开我。

（随着清脆的“哗哗”流水的录音声，扮演水的同学走出来）

水：人们离不开森林大哥，同样也离不开我——水，人可以一天不吃饭，但不能一天不喝水。一个人要维持生命活动，每天需要5斤水，庄稼需要水，工业生产也需要水，总之，没有水就没有这个美好的世界。

空气：同学们都知道，人不能离开空气，就像鱼儿离不开水一样，我虽然看不见，摸不着，但人们一刻也离不开我。

动物：我是人类的好朋友，我们帮助人们守卫庄稼和森林，平衡着地球上的生态。

土地：人们吃的东西都是从我的身上长出来的，人们还在我的怀抱里修房子、造大厦。

合：（“森林”、“水”、“空气”、“动物”、“土地”）同学们想一想，地球上如果没有我们，那将会是个什么样子呢？

同学2：没有森林，气候会越变越坏，各种有害气体增加，动物死亡，也直接危及人类的生存。

同学3：没有空气，没有水，人简直设法活。

同学4：没有了土地和动物，人

吃什么？

合（“森林”、“水”、“空气”、“动物”、“土地”齐说）：说得对！（随音乐伴奏下）

主持人甲：是啊！世界上这么多人住在地球上，吃靠地球，喝靠地球，穿也靠地球，如果地球生了病，地球受到破坏，我们的家也就不会再有美丽和幸福。

主持人乙：现在，地球已经开始生病，人们没有很好地保护森林、保护水，空气和人类的好朋友——动物。

（放录像，地球发出了呼救。出示生病的地球愁眉苦脸的图版）

主持人甲：下面请同学们看新闻报道：

（出示电视机模型，队员坐在电视机模型一边扮演电视播音员）

同学5：少年电视台《地球的呼救》节目的主持人，为了迎接世界环境日的到来，我们专门录制了一部录像片，下面请看来自世界各地的报道：

（几名同学分别站在教室的四角，汇报调查情况，同时出示图版）

同学6：有关印度污染情况报道……

同学7：有关伦敦雾污染情况报道……

同学8：有关地球升温情况报道……

同学9：有关人口问题报道……

主持人乙：看了这些报道，真是令人担忧啊！

美容小使者归来。

小使者：不用发愁，我刚刚从联合国归来，告诉你们，现在全世界都在想办法，保护环境，保护地球，并取得了很大成绩，在英国伦敦，无论大人小孩不但不打鸟，而且热情款待鸟类。日本还规定了鸟节。各国都已建立自然保护区，形成全球性的生物圈保护网，这样，地球的病就会逐渐好转了。（地球生病的图版稍为改动：地球的活动嘴角已由下垂变成平行的了）

在我们中国，环境保护的知识已在社会上广泛传播，国家还制定了法律。那些乱砍树木，捕杀野生动物的人都要受到法律制裁的。

主持人乙：那真是太好了，谢谢你，小使者，给我们带来了好消息。

主持人甲：地球只有一个，保护它是人类共同的责任。我们全体同学是未来的主人，世界属于我们，我们负有千斤重任——保护地球保护我们的家！

主持人乙：我们人人都要认真学习和宣传环境保护知识，积极参加环境保护工作。请听快板书。

小快板：

我们是小小环境保护员，
保护环境走在前。
动物小组真能干，
爱护益鸟收获大。
养殖小组真不赖，
种树养花人人夸。
宣传小组更神气，
宣传工作做到了家。
卫生小组不落后，
督促同学讲卫生。
同学们，说一说，
我们做得怎么样？
齐：做得好！

舞蹈表演：《手把树儿栽》

几名同学手持自制的小树苗，随着音乐伴奏表演舞蹈。

主持人甲：刚才听了同学们的汇报，觉得同学们做得真好。6 月 5 日马上就要来到了，同学们还想做些什么呢？

同学 10：为了迎接世界环境日的到来，我画了一幅画。

（出示画）

同学 11：我提议，用我们的歌声迎接“世界环境日”，用我们更美更好的行动为“世界环境日”献礼。

歌伴舞：《我们的地球，我们的家》

部分同学手持鲜花涌上台，将同学的画贴在黑板上，其他同学随节奏击掌。

主持人甲：太阳升起来！蓝天更蓝！

主持太乙：大海舞起来！青山更青！

合：我们的地球，我们的家有一天会变得更美！（地球图版又变化了）

齐唱：《明天会更好》主题班会达到高潮。（同时放录像）

班主任讲话：今天的活动开展得很好，我相信，同学们会用我们的双手去创造世界，用我们的智慧去保护我们美好的家园。让我们的地球，我们的家更加美丽，更加富有生机，让全世界的孩子更加快乐，更加幸福。

情系古诗文

一、班会目的

通过活动，学生能够感受中华古文化的博大精深，体会古诗的意境，领悟诗人的情感，培养审美情趣，提高审美能力。充分调动学生在班集体活动中的主动性、创造性，强化作为班集体主人的意识。

二、班会准备

1. 物色好主持人。
2. 各小队组织熟练背诵古诗，

根据诗意画好四季图，写好有关古诗的书法作品。

3. 各类节目准备：相声、舞蹈、小合唱、器乐独奏。

三、班会分步

闲情—友情—亲情—乡情—爱国情。

四、班会过程

开场白

女A：五千年的悠久历史，孕育了底蕴深厚的民族文化。

男A：源远流长的古典诗文，是文化艺苑中经久不衰的瑰宝。

女B：它就如夏日的繁星，闪烁着夺目的光彩。

男B：它又如春日的百花，散发着馥郁的芳香。

女A：那一曲曲动人心弦的诗词，给了我们美好的艺术享受。

男A：那一篇篇脍炙人口的佳作，给了我们无尽的教益。

女合：今天，让我们走进古诗文的世界，去感受诗人们朴质、真切的情思。

男合：今天，让我们徜徉在古诗文的长河中，去感受博大精深的中华古文化。

第一部（闲情）

1. 提琴独奏《渔舟唱晚》配词朗诵《春江花月夜》带入诗境

女A：踏着暮色，伴随着悠扬的小提琴独奏曲，我们来到了春江，让我们一起欣赏《春江花月夜》。

2. 看图诵诗

女A：一曲《春江花月夜》，为我们展现了浩瀚幽邃、恬静多彩的巨幅画卷。

男A：神奇美丽的四季风光，能不叫人惊叹于大自然的造化神工？

合：看，各小队的小画家们给我们带来了诗人笔下的自然风光图。

小队（一）：（出示图）双飞的燕子，夹岸的桃花，这画面描绘的是宋朝诗人徐俯的——《春游湖》（齐背）。

小队（二）：（出示图）这一池的碧叶，映日的荷花，使我们想起了杨万里的名句———接天莲叶无穷碧，映日荷花别样红。

小队（三）：（出示图）夕晖晚照，枫叶流丹。下面由我们小队背诵杜牧的——《山行》（齐背）。

小队（四）：（出示图）白雪皑皑，银装素裹，我们小队为大家带来岑参的名句——忽如一夜春风来，千树万树梨花开。

3. 学生自由背诵。

男A：四时风光美如画，诗人笔下的每一个季节都有其迷人的魅力。

女A：咱们就以小队为单位展开竞

赛，比一比哪一队同学背诵的描写自然景色的古诗多，且声情并茂，配上动作。(各小队商讨准备后上台表演)

准备期间欣赏古典舞蹈《良宵》

第二部（友情）

女B：在诗的形象中，我们欣赏着钟灵毓秀的自然风光。

男B：在诗的形象中，我们感受着文人们悠然适意的闲情。

女B："一切景语皆情语"，诗是真情的流露。

男B："折花逢驿使，寄予陇头人。"是相隔万里的朋友间真情而洒脱的问候。

女B："独下千行泪，开君万里书。"是家国难归之人对故国旧友的魂牵梦萦。

男B："同门为朋，同志为友"，朋友间的情感，弥足珍贵。

女B："莫愁前路无知己，天下谁人不识君。"让我们吟诵着动人心魄的友谊诗篇，去寻找生活和学习中的知己吧！

背诵篇目：《送元二使安西》《别董大》《芙蓉楼送辛渐》《赠汪伦》

齐唱一首古诗改编的歌《黄鹤楼送孟浩然之广陵》。

第三部（亲情）

1. 女声小合唱《游子吟》

女A：人的情感世界可谓千姿百态，在人类美好感情的百花园中，有一支尤为鲜艳芳香的花卉。

合：那就是最炽热的，最深挚的，最无私的亲情。

女A：请听女声小合唱《游子吟》

{播放《游子吟》(唱诵结合)}

旁诵：女A：听，一支淳厚深挚的母爱颂歌唱起来了！

男B：没有谆谆叮咛，没有涟涟别泪，一片母爱的纯情凝聚在临行缝衣那无声的场景之中。

2. 相声《慈母心》

女A：一首《游子吟》深深地拨动了人们的心弦，赢得了千百年来无数读者的强烈共鸣。

男A：父母辛苦养育之情，儿女定当涌泉相报。

下面请听相声《慈母心》。

3. 男生齐背《九月九日忆山东兄弟》

女A：拳拳爱心，一览无遗。

男A：沐浴在亲人这无私的爱的光辉中，是多么幸福。

女A："每逢佳节倍思亲"，异乡的游子更是关心系念着远方的亲人。

合：有请男同学们为大家背诵王维的《九月九日忆山东兄弟》。

第四部（乡情）

1. 表演朗诵静夜诗

女B：短短的诗句，透着浓浓的

亲情。

男 B：淡淡的忧愁，遥寄深深的思念。

女 B：“故园东望路漫漫，双袖龙钟泪不干。”这是思乡游子绵绵不断的情思。

男 B：那古老深厚的乡土故园之情，牢牢地根植于人们的心田。

女 B：在思乡的诗句中，以李白的《静夜思》最为出名，让我们一起来表演朗诵吧。

2. 女同学齐诵《回乡偶书》

女 B：“儿童相见不相识，笑问客从何处来。”

男 B：一幅生动的画面，烘托出一个久别游子的沧桑和喜悦，有请女同学为大家背诵贺知章的《回乡偶书》

3. 齐诵《杂诗》

第五部（爱国情）

女 A：谁不爱故乡，谁不恋故土。这是一种儿女对母亲般的关心系念。

男 A：祖国是故乡的延伸，“家国”两字从来就是紧密相连的。

女 A：当国家遭受战乱之时，诗人们拿起手中的笔，写下了一首首激昂慷慨的爱国诗篇。

男 A：“捐躯赴国难，视死忽如归”，这捧出的无疑是一颗为国捐躯的拳拳赤子之心。

下面请各队的同学上台（个别上台背诵，出示书法作品）

少年辛苦终身事，
莫向光阴惰寸功。

男 A：那一行行自胸中流淌出的文字，

女 A：那一颗颗跳动着的赤诚之心，

合：震颤着我们的心灵。

男 A：“路漫漫其修远兮，吾将上下而求索。”

女 A：诗人们这种坚毅求索、宁死不悔的精神激励着我们为祖国的明天而奋发学习。让我们牢记——出示作品（少年辛苦终身事，莫向光阴惰寸功）。

尾声

男 A：闲情、友情、亲情、故乡情、爱国情，好一派迷人的情感风光。

女 A：那情真意切的情思，在我们心灵的回音壁上激起悠远的回响，余音袅袅，如缕不绝。

男 B：中华古诗文浩若烟海，

女 B：华夏文明光辉灿烂。

男合：让我们多学中华经典文化，继承民族优秀传统，

齐合：让我们站在五千年文化的历史巨人肩膀上，面向世界，开创未来。

腹有诗书气自华

一、班会目的

通过活动，让学生明白书是知识的源泉，书也会给你们带来无限的乐趣，从而使更多的学生爱看书。读书要有选择地读，读有价值、有意义的书。

二、班会准备

排练相关的小品、舞蹈、朗诵和讲故事等节目。

三、班会过程

1. 导入

甲：如果有人问："伴随你成长的是什么？"

乙：也许有人会说是糖果，也许有人说是玩具，也许还有人说是奥特曼和变形金刚，

甲：如果你到我们学校来，我们的学生会自豪地告诉你，

合：伴随我们一路成长的是知识的源泉——书籍！

2. 明确读书重要性

甲：现代作家郁达夫曾说过，"世界上的大思想家和大发明家，都是从书堆中进去，再从书堆中回出来的。

乙：古今中外的名人对于读书都有着深刻的体会和独到的见解，下面让我们来听听他们是怎么说的吧！

甲：书是人类一种伟大而美妙的发明，书是最聪明、最可靠的老师和朋友。凡是成就大事、有所作为的人无不是一位爱读书的人。

乙：下面请欣赏故事《酷爱读书的李政道》

3. 了解该读什么书

乙：记得一位名人曾说，读书要选择，世上有各种各样的书，有的不值一看，有的只值看20分钟，有的可看5年，有的可保存一辈子，有的将永远不朽。哎，×××，你可算是我们班的书迷了，我倒想请教请教你究竟我们该读什么样的书呢？

甲：这个吗，我可要卖一卖关子了。还是让我们来欣赏一个小品吧，相信你会得到答案的。

乙：哦，我明白了，我们小学生应该多读一些知识性强，具有一定文学价值的书籍。其实，我班的同学都十分爱读书，下面让我们来一个阅读大比拼，看看谁能争当"阅读之星"。

甲：紧张的读书知识竞赛开始了，谁抢答的题目多而正确就能荣获第一届班级"阅读之星"，得到"阅读章"。

（甲出题，乙指名回答，并发红星）

乙：同学们，在这次竞赛中谁得到的阅读之星最多？下面让我们用热

烈的掌声欢迎他来领取“阅读章”。

4. 班级特色展示

甲：读书开阔了我们的眼界，愉悦了我们的身心，陶冶了我们的性情，丰富了我们的知识，也提高了我们各方面的素质。下面请欣赏我们班同学的才艺表演。

（独唱——二胡——书法）

甲：感谢这几位同学精彩的才艺展示。著名作家臧克家曾说：“读过一本好书，像交了一个益友。当我们交到一个益友的时候，总会忍不住想和大家一起分享。”

乙：下面要告诉大家一个好消息，我们的班新成立了一个编辑部，还出好了第一期班报《书缘》。

甲：让我们用热烈的掌声欢迎主编为我们介绍一下。

主编上台：我是《书缘》的编辑，它共有四部分内容，“体验生活”“童话乐园”“游记片断”“读后感”，以后还会开设更多的栏目，希望同学踊跃投稿，支持我们的工作，请把写好的稿子放进投稿箱。

另外，我们编辑社想聘请一位顾问，你们说聘请谁呢？

全班齐说：×老师。

主编：好，有请×老师上来接受聘书！

（老师上台）

乙：读好书是一种乐趣，一种情操，

甲：一种向全世界古往今来的伟人和名人求教的方法，

乙：一封出席各种社会、体验各种生活、结识各种人物的邀请书

甲：一张迈进科学宫殿和未知世界的入场券！

乙：请听诗朗诵《读书的乐趣》。

甲：行万里路，终不如读万卷书。知识无涯而生命有限。所以高尔基扑在书籍上，像饥饿的人扑在面包上一样。用功读书少年时不努力，更待何时？下面请欣赏舞蹈《读书郎》。

乙：背诵一首古诗。

甲：咦，你怎么背起古诗来了？

乙：古诗在我们中华民族文化发展史上源远流长，博大而精深。从一年级起，我们就诵读古诗，相信在我们记忆的仓库中一定储存了不少精美的诗句。让我们都来露一手，一展古诗的魅力吧！

（有个别朗诵和齐背）

5. 交流阅读心语

甲：奥斯特洛夫斯基说：“光阴给我们经验，读书给我们知识。”

乙：培根说：“读书给人以乐趣，给人以光彩，给人以才干。”

甲：名人有那么多的读书心得，我们对于读书也一定有不少的感悟和

想法。把我们的阅读心语拿出来和大家一起分享吧！

乙：由于时间关系，我们不能一一交流了，让我们把自己的阅读心语书签和同学交换，互相勉励吧。

6. 辅导员讲话

甲：我们是祖国的希望，

乙：我们是祖国的未来，

合：我们只有多读书，读好书才能担当起建设祖国的大任。

甲：下面请辅导员为我们讲话。

（辅导员讲话）

7. 结束语

甲：读书不光能补充知识，还可以通过书籍，使作者与读者在对话中产生生命的共鸣，共同塑造人生。

乙：读书永远不恨其晚，晚比永远不读强。

甲：同学们热爱书吧，这是知识的源泉。

合：让我们荡起阅读的双桨，在知识的海洋中尽情遨游吧！

齐唱《让我们荡起的双桨》。

爱学习，爱创新

一、班会目的

通过展示自己收集、学习和理解科学家的格言，激发学生的求知欲望和进取精神。重点帮助学生理解科学家格言深刻内涵。通过本次班会，激发学生的学习兴趣、求知欲望和积极进取创新的精神。

二、班会形式

故事、演讲、歌舞、诗歌、小小发明展。

三、班会内容

主持人甲（以下简称主甲）：在21世纪的今天，世界也进入了知识经济的时代。

主持人乙（以下简称主乙）：邓小平爷爷说：“科学技术是第一生产力。”

主甲：近300年来，从瓦特发明了蒸汽机的“蒸汽时代”，到电力广泛使用的“电力时代”，再到计算机得到广泛应用的“计算机时代”人类社会经历了三次重大的科技革命，每一次都极大地提高了生产力水平。

主乙：哇！真了不起呀！第一次工业技术革命是借着器械的发明与使用，带领人类战胜动物，走出蛮荒；第二次革命则是动力机器的发展，使得人类进入大量生产与自动化的时代；而第三次工业革命，则是利用互联网通讯提供全球化的服务，使得各国间的技术与经济差距拉近。

主甲：是呀！过去需要200年才能开发的技术，现在一年就行了。

主乙：现代科技是我们生产、生活、学习提高的保证。我们人类的进一步发展，离不开科学技术的发展。

主甲：而科学技术的开发、进步，离不开一辈辈科学家们的发明创造。

主乙：下面让我们听听科学家的故事。

（讲故事，有达尔文、爱迪生、居里夫人的故事）

主乙：献身于人类的科学——是科学家们的追求。

主甲：热爱科学、攀登科学的高峰——是我们新时期小学生的理想。科学家是社会的宝贵财富，他们的格言我们的镜子，时刻激励我们永远向前。（课件展示科学家名言、格言：略）

主乙：下面，让我们再来看看科学家们是怎样克服一切困难为科学做出巨大贡献的吧！

多媒体播放短剧——爱迪生在火车上做实验发生爆炸，被打聋了耳朵；吴运铎研究炸药被一次次炸伤，两只手都被炸残废了，还在坚持研究……

主甲：科学家为科学献身的精神真是太感人啦！请继续欣赏歌曲《天地之间》。

主乙：天地之间的万事万物多么神奇！

主甲：我们对一切神奇的事物总是充满好奇，在好奇心之下，我们聪明的脑袋产生一个个奇思妙想。

主乙：我们听听吧！（同学们上台各抒己见）

主甲：真是一些好主意！

主乙：我们不仅想，还动手做。下面看看我们的小发明。（展示科技小制作“脚用地板擦”“万能衣钩”“多用储蓄盒”“升降书桌”等）

主甲：以后，我也要来个发明，我要发明一种既节约能源，又防盗的下水道井盖，省得现在马路上的井盖总是丢。

（播放《走进新时代》）

主乙：合着新世纪的钟声，我们唱起新世纪的赞歌。

主甲：我们在温暖的摇篮里长大。

主乙：从第一颗原子弹升空的蘑菇云腾起的时节。

主甲：到杨立伟在太空遨游的那一刻。

主乙：我们目睹着改革开放后的科学技术的累累硕果。

主甲：一代代的努力，换来了祖国一个又一个的春天。

合：今天，我们又唱着《春天的故事》走进新时代！请欣赏舞蹈：《春天的故事》。

合：我们的科技在腾飞，让我们来体验科技造福于人类的伟大业绩！

主甲：祖国昌盛，人民富裕。

主乙：科技兴国，经济腾飞。

主甲：科学的春天来了。

主乙：一项项新的发明创造正在孕育而生。

主甲：它凝聚着最先进的科学技术。

主乙：体现着现代文明的光辉。

主甲：小博士，你快给大家讲讲你参加科学发明论谈会的情况吧！

博士：这次开展的科学发明论谈会可真了不起呀，使我大开眼界，那些发明创造可真数不胜数啊！（讲述新发明）

合：下面有我俩和小博士一起主持《奥秘被揭开》！

主甲：同学们，你知道哪些科学家都有什么发明啊？（大家说一说自己所了解的科学家及其发明和创造）

主乙：你知道他们是怎样获得那一项项推动整个世界进步的大发明、大发现吗？今天，就让我们寻着伟人的足迹，去探索他们成功的奥秘吧？

主甲：天才是九十九分血汗加一分灵感。勤奋、刻苦善于动手是他们成功的根本原因之一。创造发明，要有一种联想的习惯。

主乙：即由此及彼、由旧及新的想象力。

同学1：发明大王爱迪生，从小就极爱动脑筋。遇事一要问个为什么，二要亲自试一试。当他还是卖报童的时候，就用赚来的钱买化学药品搞试验。他一生2000多种发明，绝不是空想出来的，而是试出来的。

同学2：伽利略一次上教堂时“开小差”，用脉搏测定头顶吊灯的摆动周期，发现了单摆的等时性。因此发明了机械摆钟；阿基米德坐入澡盆时，水溢出，他立即想到可据此测定黄冠的体积和密度，解决了国王要他识别黄冠是不是存金的难题。

同学3：牛顿看见苹果落地，这一常人司空见惯的事情，他动起了脑筋，苹果熟了会落到地上？月亮为什么不会落下来呢，为什么月亮会绕着地球转，为什么不会飞走呢？经过冥思苦想，他终于窥见了宇宙的奥秘，发现了万有引力。

主甲：正是靠一个个为什么，他们成了伟大的科学家。

主乙：可见思考思考再思考，的确是发明创造的灵丹妙药。

博士：是呀！的确是灵丹妙药呀。

主甲：小博士，你千里迢迢来到这里，还为我们主持节目，请您休息一下吧。

博士：好吧，下面的节目就由你们俩主持啦！

主甲：同学们通过亲自读书，实践体验一定会有很多的感想，那就让我们发自心底吐露真诚的心声。

主乙：假如你想把世界看清，就请睁大你的眼睛。这世界千姿百态，五彩缤纷。这世界一日千里，面貌一新。

主甲：立志从小学创造再造天地里自由翱翔！请听诗朗诵《从小学创造》。

合：噢！我们知道了——开拓、勤奋、创新，快与新世纪同步前进。

主乙：星星火炬为我引路。

合：同学们手携手，肩并肩，敞开纯洁的心灵，伸出勤巧的双手，去实践、去体验，去创造、去描绘新世纪祖国明天的灿烂。

歌伴舞《跨世纪的新一代》

主甲：自古以来，多少仁人志士，因为勤奋学习而成才，并留下了许多千古佳话，“归真画虎、囊萤照读、凿壁偷光”。

合：同学们，让我们每个人都从现在做起，从自己做起，勇攀科学高峰！努力学习，学会创造，未来就在自己的手中！

珍惜青春年华

一、班会目的

高中阶段是人生青年初期（年龄在 15—18 岁）是青春发育走向成熟的时期，也是人生从不够成熟到基本成熟的时期，是学生人格形成的奠基阶段，也是一个转折阶段。通过典型的生动有趣的故事说明，成功属于那些充满热忱的人，教育学生如何才能使自己拥有一个积极的心态，对待学习对待生活，帮助学生树立正确的人生观、学习观，促进良好班风、学风的形成。

二、班会准备

诗朗诵《珍惜吧，青春年华》。

三、班会形式

整个活动采取讨论、朗诵、谈心得体会等多种形式。

四、班会内容

老师：请同学们看下面一个小故事（选一篇珍惜青春年华的小故事），请问同学们你怎么看待这个问题？

学生：略

老师：同学们讲得都很好，缺乏热忱难成大事，而热忱并非与生俱来，而是后天的特质（教师打开幻灯片）。是什么让他发生了如此大的转变呢？（留给学生讨论的时间）。

学生：略

老师：同学们回答得很好！那么什么是心态呢？我们怎样对待生活，生活就怎样对待我们，我们怎样对待别人，别人就怎样对待我们，一个人刚开始的心态，在很大程度上就决定了最后的成功，这比其他因素都重要。良好积极的心态是乐观、热情、大度、奉献、进取、自信、必胜、有强烈的成就感，这就要求我们以满腔的热忱对待学习和生活，热忱在英文中是用两个希腊字组成的，一个是“内”一个是“神”，事实上一个热忱的人等于是有神在他的心里，热忱是一种炎热的物质，是其心里的火花，它不仅能激励自己为实现目标采取行动，而且能对周围的人产生巨大的影响和感染。同学们，你们认为这种热忱在我们学习生活中的表现是什么？

学生：略

老师：现在我想请同学们完成下面一道题，这是一个人的成长经历路线图，请你在年龄的后面填上你在做些什么？（教师打开幻灯片）

16—19 岁考取大学

19—23 岁大学毕业

23—26 岁研究生毕业

26—31 岁从事科学研究

师：从这张图中你能得到什么样的结论？

学生：人生短暂、青春易逝、时不我待。

老师：因此同学们要树立远大的理想，确定一个明确的目标（教师打开幻灯片）。正如流沙河在《理想》中描述的：

理想是石，敲出星星之火。
理想是火，点燃熄灭的灯。
理想是灯，照亮夜行的路。
理想是路，引你走向黎明。
……

老师：理想就是对人生目标的确立。对目标的确信（我一定能实现目标）—产生勇气、能力、精力—解决问题的技巧—自尊、自我价值的体现。同学们，我们该采取哪些措施来使我们向着自己的目标不断奋进呢？

学生：略

学生：诗朗诵《珍惜吧，青春年华》

总结：略

春天畅想曲

一、班会目的

春季是流脑、流感的高发季节。但同样春也预示着希望、激情与活力。希望这次活动能激起战胜病魔的信心与勇气。

二、班会过程

主持甲：春天，一个预示着希望与激情的季节。

主持乙：春天，一个蕴含了生机与活力的季节。

甲：春，是一首赞歌。

乙：春，是一幅美景。

合：春是我们共同的心愿。

甲：春是一份最真的祝福。

乙：春是一个春意盎然的季节，请欣赏小品《春意盎然》。

甲：你走过江南，江南草长莺飞，姹紫嫣红；你走到塞北，塞北春风和畅，冰雪消融。

乙：你轻轻呼吸，芬芳的气息就钻进了诗人的梦中；你慢慢奔跑，轻盈的姿态就触动了画者的笔端。

甲：你是谁？

乙：你就是春，请欣赏诗朗诵《春天》。

甲：春季是一个希望充盈的季节。

乙：春季是一个活力非凡的季节。

甲：在这个美好的春天，让我们展开想象的翅膀，尽情地畅想吧。(同学进行激情洋溢的发言)

甲：在这充满活力与激情的季节，让我们再来迎着春天的节拍欣赏一段街舞吧。

乙：人生如梦。春光飞逝。人生有太多遗憾。

甲：但世界总是美丽的啊。

乙：对啊，请欣赏歌曲《美丽新世界》。

甲：时光飞逝。

乙：是啊，今日的《春天畅想曲》，主题班会活动就要结束了。

合：愿大家珍惜春天，珍惜时间，珍惜这美好的金色年华。

走出考试失败的阴影

一、班会目的

培养学生勇敢面对激烈竞争的良好心理素质，引导学生正确对待考试，激励他们努力学习科学文化知识，确定个人的奋斗目标。

二、班会内容

老师：我们生活在一个激烈竞争的年代，竞争中有胜利，当然也有失败，他们像孪生兄弟一样密不可分。今天我们的班会主题是考试失败后的心态调整——失败过等于失败者吗？

这次的三月考成绩出来后肯定是有人欢喜有人愁，我们如何面对呢？现在我们小组之间讨论一下你是如何调整考后的心态的！

(同学讨论中)

(讨论结束)

同学1：我会总结一下过去的学习情况，看看自己哪些地方不足需要改正。

同学2：找同学聊天。

老师：很好的方法啊！那么，同学们心目中又是如何看待考试的呢？

同学3：考试就像一场球赛，有

欢天喜地，又有失败悲哀，老师、父母是球迷，正因为有他们，考试才会显得有意义，失败不是考试的悲哀，而是它本身的魅力，因为有失败，才会有胜利的欢乐，让我们勇敢面对考试，用球赛的激情对待考试。

同学4：考试就像一个秉公执法的法官，一次次的宣读法庭的宣判，一次次慰藉胜诉者的付出，一次次打击败诉者的心灵，只要我们努力，我们肯定能通过高中时代最后一次审判——高考。

老师：同学们对考试的比喻真的很恰当，很贴切！那现在让我们一起来分享两个故事！

他曾经是美国最大的零售集团的总裁，他把所有的钱都投入到集团中。当他72岁时，他苦心经营的集团倒闭了，他从一个国际知名企业家一下子变成一个一文不值的穷光蛋：有人以为他肯定要自杀或从此愁苦一生。但是他没有，他很快调整了心态，和几个年轻人办起了一家网络咨询方面的小公司。他说，感谢失败。如果不是失败，他就不可能有机会在70多岁的时候体验什么叫东山再起，更没有机会和年轻人一道挑战过去从未接触过的领域。他为什么能这么快调整心态，他有秘诀吗？

另一个故事是：有一个生长在孤儿院中的小男孩，常常悲观地问院长："像我这样没人要的孩子，活着究竟有什么意思呢？"院长总是笑而不答。有一天，院长交给男孩一块石头，说："明天早上，你拿这块石头到集市上去卖，但不是真卖，记住，无论别人出多少钱，绝对不能卖。"第二天，男孩拿着石头蹲在集市的角落，意外地发现有不少人好奇地对他的石头感兴趣，而且价钱越出越高。回到孤儿院，男孩兴奋地向院长报告，院长笑笑，要他明天拿到黄金市场去卖。在黄金市场上，有人出比昨天高10倍的价钱来买这块石头。最后，院长叫孩子把石头拿到宝石市场上去展示，结果，石头的身价又涨了10倍，更由于孩子怎么都不卖，竟被传扬为"稀世珍宝"。男孩兴冲冲地捧着石头回到孤儿院，把这一切告诉给院长，并问为什么会这样。院长没有笑，望着孩子慢慢说道："生命的价值就像这块石头一样，在不同的环境下就会有不同的意义。一块不起眼的石头，由于你的珍惜而提升了它的价值，竟被传为稀世珍宝。你不就像这块石头一样？只要自己看重自己，自我珍惜，生命就有意义，有价值。"

同学们，这两则故事说明了什么？启示了什么呢？现在小组讨论一下！

（同学讨论中）

（讨论结束）

同学5：失败不要紧，最重要就是从失败中站起来。

老师：谢谢！现在让我们重新来认识考试！（看屏幕）

1）考试就像人生，在一次次的突破中品尝着酸甜苦辣。

2）考试带给我们的将是不断挑战自我和超越自我的痛苦和欢乐。

3）在人生中，不要把成功的尺度定得太高，也不要把成功看得过于神圣，否则，我们就会对人生失却一份应有的信心，而对困难，我们会望而却步。

失败并不意味着我们是失败者，他只是意味着我们尚未取得成功；失败并不意味着我们一无所获，他只是意味着我们得到了教训；失败并不意味着我们声誉下降，他只是意味着我们面临新的挑战；失败并不意味着我们无能，他只是意味着我们应该注意学习方式；失败并不意味着我们愚蠢，他只是意味着我们还不够完美；失败并不意味着我们失去一切，他只是意味着我们可以重新开始；失败并不意味着我们应该退却，他只是意味着我们要有更顽强的毅力；失败并不意味着我们达不到目标，他只是意味着我们将用更多的时间去实现目标。

我相信同学们一定能够在失败中总结经验，吸取教训，最终必定能够获得胜利的！现在让我们拿起手中的宣言，高声地朗读。

（全班齐声朗读宣言）

通过这次主题班会，希望同学们能够以良好的心态对待每一次的考试，为即将到来的期中考做好充分的准备。同时，为了祖国的腾飞，个人的发展，我们应做到：在学习中思考，在思考中发现，在发现中成功，一起为祖国的未来献一份力。

专心＋毅力＝成功

一、班会目的

1. 通过活动，训练学生的专注力，培养学生完成任务的持之以恒的心理素质。

2. 通过活动使学生明白，做什么事都需要专心加毅力才能成功的道理。

3. 培养学生对他人对集体负责的优良心理品质。

4. 活动重点：专注力和毅力的训练。

5. 活动准备：学生分一号队和二号队，每人两本书，一条毛巾，气球若干。

二、班会过程

1. 激趣、揭题

同学们，看老师黑板上的题目：

专心 + 恒心 =？你能告诉老师答案吗？（学生回答后，教师板书“成功”或其他）

同学们说得真好，我们都知道专心和恒心是事业成功、学习进步的两大基石，我们同学长大后都想成为建设祖国的大材，那么大家想具备这两种心理素质吗？好，今天的游戏就让我们来检测一下自己是否具有专心和恒心这两种优秀的心理品质。

2. 游戏：顶物缚巾

方法与规则：每人拿两本书放在头上，用手扶住，当老师喊“开始”后，松开手，再用毛巾头，还要数10下，书本没有掉下来的才算胜，奖给一颗金星。

为了确保游戏的成功，老师给你们两分钟时间试验，然后我们一起来讨论游戏的要领。

学生讨论后，教师小结。

学生正式比赛开始。先由一号队的同学游戏，二号队同学做裁判，然后再互换。

请优胜者谈谈取胜的体会，失利者谈谈失败的原因。

小结：从刚才的游戏我们可以体会到，要具有专心和恒心的优秀心理品质不是件容易的事，需要我们从小事开始训练自己的专注力和毅力。

3. 游戏：一分钟计时

下面让我们再来比一场好吗？这次比赛比前一次更难也更刺激，更需要专心和恒心，谁想参加？同学们都想参加，那么让我们先来一场淘汰怎么样？

淘汰赛：一分钟计时

当老师喊“开始”时，你心里开始默默计时，如果你感觉到已经是“一分钟”了，就举手表示。谁的感觉与老师的表最接近，谁就是下一轮比赛的幸运参赛者。

计时以后，选出6位参赛者，进行下一轮比赛。

4. 毅力旋转

规则：画一直径为一米的圆圈6个，在圆圈外标上开始记号，参赛者肚子向上背向下，双手撑住身体，将手脚作稍许移动，在圆圈内旋转，看谁旋转的次数最多。当然，手脚跨出圈外的则违规算输，移动气球或压爆气球者也算输。这可是既需要专注力又需要毅力的游戏。

比赛开始。

请胜者和败者各自谈自己的感受。

让其他同学进挑战。

表扬、评议、小结。

5. 总结

专心加恒心是打开成功大门的金钥匙，要拿到这枚金钥匙还得靠大家平时的训练。希望同学们在今后的学习、生活、工作中有意识地培养自己这方面的心理素质。

扬起自信的风帆

一、班会目的

1. 通过活动，使学生能够认识自我，接纳自我，建立自信心，以健康心态面对人生，迎接挑战。

2. 通过同学相互间的赞美，感受被他人认可的快乐，同时学会欣赏他人，接纳他人。

3. 通过心理健康教育，帮助学生形成向上、乐观、充满自信等健康心理，以良好健康的最佳心理状态去学习和生活。

二、班会准备

1. 进行自信心问卷调查，并进行统计。

2. 学生准备故事《把斧头推销给小布什》。

3. 准备好小卡片，用于激励小语赠同学这个环节。

4. 收集《相信自己》的带 flash 动画的歌曲。

5. 制作 powerpoint 教学课件。

三、班会设计

1. 由心理学家所做的实验引入。将一只跳蚤放入杯中。开始，跳蚤一下子就能从杯中跳出来。然后，心理学家在杯上盖了透明盖，跳蚤仍然会往上跳，但是碰了几次盖后，碰疼了，慢慢就不跳那么高了。

2. 学生根据心理学家的实验发表自己的见解。

3. 根据学生的见解提出什么是自信。

4. 故事欣赏：学生讲《把斧头推销给小布什》的故事。同时让学生讨论乔治·赫伯特取得成功的原因，并列举发生在我们的身边的事例。

5. 根据学生的见解，讲述自信的重要性。让学生相信我们的大脑的开发只有5%左右，只要把我们的潜能发挥出来，别人能做到的事，我们自己也一定能做到，相信自己，只要坚持不懈地积极进取，就一定会获得成功。

6. 如何培养自信心。介绍增强自信心的7种方法。

7. 慧眼识英才：我为同学找自信。根据自信心的调查统计结果，挑选出班里的三位具有代表性的同学，让每位同学说三位同学至少一个优点。

8. 让自信与我们同行：激励小语赠同学。让同学为自己的好朋友设计一个鼓舞人心的口头语如：A. 先相信自己，然后别人才会相信你。B. 哪怕是最果断的人，只要他失去自信，也会变成懦夫。

9. 歌曲欣赏：《相信自己》。

10. 作业：通过今天的班会课，写一篇有关自信的周记。

四、班会内容

教师：同学们，让我们一起来欣赏一个心理学家所做的实验：心理学家曾做了一个实验：将一只跳蚤放入杯中。开始，跳蚤一下子就能从杯中跳出来。然后，心理学家在杯上盖了透明盖，跳蚤仍然会往上跳，但是碰了几次盖后，碰疼了，慢慢就不跳那么高了。

提出问题：跳蚤还能跳出杯子吗？为什么？

学生 A：跳蚤跳不出杯子，因为它知道上面有一个盖子。

学生 B：跳蚤跳不出杯子，因为跳蚤习惯了。

学生 C：跳蚤跳不出杯子，因为跳蚤失去了自信了。

教师：是的，跳蚤失去了自信，跳不出杯子了。那么在我们的生活中，在我们的心理是否也有这样的一个盖子呢？这就是我们今天班会的主题：我是最棒的——扬起自信的风帆。

教师：什么是自信呢？

自信又叫自信心，是相信自己有能力实现自己愿望的心理，是对自己力量的充分肯定。

自信会给我们带什么好处呢？下面请欣赏 × 同学带来的精彩故事《把斧头推销给小布什》。

同学：2001 年 5 月 20 日，美国一位名叫乔治·赫伯特的推销员，成功地把一把斧子推销给了当时的美国总统小布什。布鲁金斯学会得知这一消息，把一只刻有“最伟大推销员”的金靴子赠送给他。这是自 1975 年以来，该学会的一名学员成功地把一台微型录音机卖给了尼克松后，又一学员跨过如此高的门槛。

布鲁金斯学会创建于 1927 年，以培养世界上最杰出的推销员著称于世。它有一个传统，在每期学员毕业时，都设计一道最能体现推销员能力的实习题，让学生去完成。克林顿当政期间，他们出了这么一个题目：请把一条三角裤推销给现任总统。8 年间，有无数个学员为此绞尽脑汁，最后都无功而返。克林顿卸任后，布鲁金斯学会把题目换成：请将一把斧子推销给小布什总统。

鉴于前 8 年的失败与教训，许多学员知难而退。个别学员甚至认为，这道毕业实习题会和克林顿当政时一样毫无结果，因为现在的总统什么都不缺，即使缺什么，也用不着他们亲自购买；再退一步说，即使他们亲自购买，也不一定正赶上你去推销的时候。然而，乔治·赫伯特却做到了，并且没有花多少工夫。一位记者在采访他的时候，他是这样说的：我认为，把一把斧子推销给小布什总统是完全可能的，因为小布什总统在得克萨斯州有一座农场，那里长着许多树。于是我给他写了一封信，说，有一次，我有幸参观您的农场，发现那里长着许多矢菊树，有些已经死掉，木质已变得松软。我想，您一定需要一把小斧头，但是从您现在的体质来看，这种小斧头显然太轻，因此您仍然需要一把不甚锋利的老斧头。现在我这儿正好有一把这样的斧头，它是我祖父留给我的，很适合砍伐枯树。倘您若有兴趣的话，请按这封信所留的信箱，给予回复……最后他就给我汇来了15美元。乔治·赫伯特成功后，布鲁金斯学会在表彰他的时候说，金靴子奖已设置了26年。26年间，布鲁金斯学会培养了数以万计的推销员，造就了数以百计的百万富翁，这只金靴子之所以没有授予他们，是因为我们一直想寻找这么一个人——这个人从不因有人说某一目标不能实现而放弃，从不因某件事情难以办到而失去自信。

学生讨论：乔治·赫伯特取得成功的原因是什么？在我们的身边还有没有这样的事例？

学生A：乔治·赫伯特取得成功是因为他吸取了别人的教训，总结经验的结果。

学生B：乔治·赫伯特取得成功是因为他不怕困难的结果。

学生C：乔治·赫伯特取得成功是因为他对自己有信心，再加上他不怕困难，所以取得成功。

学生D：乔治·赫伯特取得成功是因为他敢于尝试。

………

教师：如果你现在打开布鲁金斯学会的网站，就会发现在该学会的网页上发现一句格言：不是因为有些事情难以做到，我们才失去自信；而是因为我们失去了自信，有些事情才显得难以做到。

教师：自信心的重要性：有信心的人，可以化渺小为伟大，化平庸为神奇。信心可以改变恶劣的现状，使我们充满激情去笑对困难，过关斩将，实现理想。即使在最困难的时候，仍能保持乐观奋进的拼搏精神。可以说，人的一生取得的任何一次成功，都是伴随着自尊自信取得的。

教师：有同学说，不是我没有自信，没有努力，是因为我爹妈给了我一个比别人笨的头脑，是这样吗？据统计：正常人只运用了自身潜力的2%到5%，也就是说，最成功的人只运用了自身潜力的5%，苏联学者做了一个形象的比喻，一个正常人如果发挥了自身潜力的一半，那么他可以将叠起来几人厚的全苏百科全书背得滚瓜烂熟。

因此，只要把我们的潜能发挥出来，别人能做到的事，我们自己也一定能做到，相信自己，只要坚持不懈地积极进取，就一定会获得成功。

教师：那么如何培养自信心呢？

A. 善于发现自己的长处。

B. 给自己一个微笑。

C. 学会积极的自我暗示。

D. 学会自我激励。

E. 感受别人的欣赏。

F. 成功的体验。

H. 充实自我，提高自身素质。

教师：同学们，前两天，我们进行了一个自信心的问卷调查，下面让我们看看调查的结果（出示统计图）。可见我们有少数同学还缺乏自信，下面让我们来为其中的三位同学找自信。

学生：说出三位同学的优点。

教师：同学们，我们已经知道别人的欣赏能增加我们的自信，下面让我们来玩一个游戏：激励小语赠同学。要求：为同学设计一个鼓舞人心的口头语，并写在卡片上。如：A. 先相信自己，然后别人才会相信你。B. 哪怕是最果断的人，只要他失去自信，也会变成懦夫。

现在活动：互赠激励语。

歌曲欣赏：《相信自己》。

作业：通过今天的班会课，写一篇有关自信的周记。

这样，一节帮助学生认识自己，接纳自我，建立自信心的班会课在愉快的歌曲中圆满结束了。

五、教师总结

缺乏自信的人，不可能有远大的目标和对未来的美好憧憬；缺乏自信的人，不可能在人生的道路上顽强拼搏、坚忍不拔；缺乏自信的人，不可能使自己的生命潜能得到充分的挖掘和释放；缺乏自信的人，不可能享受到由成功带来的体验；缺乏自信的人，不可能在生命流动的旋律中谱写出辉煌的乐章……唤醒孩子的自信，就是唤醒孩子生命中最美好的那部分人性；培植孩子的自信，就是培植孩子对人生理想的追求；呵护孩子的自信，就是呵护孩子的意志和毅力；激励孩子的自信，就是激励孩子焕发生命的活力和潜能。

因此，培养学生的自信心是班主任工作中的一个重要的任务，在这节班会课中，我运用了多媒体教学手段，采用多种形式，如讲故事、讨论、为同学找自信、激励小语赠同学、歌曲欣赏等等，让学生在活动中知道自信的重要性，培养自信的方法，并在本次班会的高潮“激励小语赠同学”这个活动中得到激励，增强了自信心。